基本の音	形	例《れい》
一つ	○	ふ（と）、っ（と）
	○○（…）	ふふ、へへ
	○△	ざく、ふわ
二つ	○△り	ざくり、ふわり
	○△っ	ざくっ、ふわっ
	○△ん	ざくん、ふわん
	○△ー	ざくー、ふわー
	○△○△	ざくざく、ふわふわ
	○っ△り	ざっくり、あっさり
	○ん△り	しんみり、ふんわり
	○っ△ん	ばったん、かっちん
二つの応用《おうよう》	○△＋×△	かち＋こち、ぱり＋ぽり
	○△＋×◇	ふわ＋とろ、うる＋つや
	○△ん＋×◇ん	がたん＋ごとん
すべての擬音語・擬態語が、すべての形を作れるわけではありません。		

＊一番多い形は、「○△○△」です。

＊ほかにも、「ふっくら」などの「○っ△ら」、「ぴったー」などの「○っ△ー」のように、いろいろな形があります。

「感じ」のちがいが、わかるかな？

いろいろな「音」や「様子」を

イヌの鳴き声は？

風の音は？

電車が走る音は？

自由に考えてみましょう。

言葉にしてみよう

楽しい気持ちは？

ボールが
飛《と》ぶ
様子は？

あたたかい
料理《りょうり》の様子は？

答えは一つではありません。

海を「からから」と、かき回し……

～日本で一番古い擬音語《ぎおんご》・擬態語《ぎたいご》？（41ページ参照《さんしょう》）～

「天瓊《てんけい》を以《もっ》て滄海《そうかい》を探《さぐ》るの図」

（小林永濯《えいたく》 画、ボストン美術館《びじゅつかん》 蔵《ぞう》）

ちしきのもり

「感じ」が伝わるふしぎな言葉

擬音語・擬態語ってなんだろう

佐藤 有紀

少年写真新聞社

目次

はじめに

みなさんは、「擬音語《ぎおんご》・擬態語《ぎたいご》」という言葉を聞いたことがありますか。どんなものかわからないという人も、実際《じっさい》の例《れい》を見てみると「これか！」とすぐに気がつくのではないかと思います。

擬音語というのは、「わんわん」「にゃーにゃー」などの動物の鳴き声や、「はくしょん」などの人の口から出る音、物がたおれる「がたん」やチャイムの「きんこんかんこん」など、さまざまな物音のことです。そして、擬態語は、気持ちをあらわす「わくわく」や「はらはら」、人の様子をあらわす「くよくよ」や「にっこり」、物の様子をあらわす「しんなり」「さらさら」などの言葉です。

日本語には、こうした擬音語・擬態語がたくさんあります。みなさんの中には英語《えいご》に興味《きょうみ》を持っている人もいると思いますが、その英語とくらべても、日本語で使われている擬音語・擬態語の数はずっと多いのです。

では、こうした擬音語・擬態語がいつごろから日本にあるのか、考えてみましょう。みなさんのおじいさん・おばあさんの子どものころからでしょうか。それともテレビの時代劇《げき》に出てくるような昔からでしょうか。

実は、擬音語・擬態語は、もっとずっと前、日本語が最初《さいしょ》に文字としてのこされている時から使われてきた言葉です。ずっと昔の人たちも、自分の気持ちや自然《しぜん》の様子をくわしくあらわすために、上手に擬音語・擬態語を使ってきたのです。

みなさんは、昔のお話を読んだことがありますか。昔のお話の言葉は、私《わたし》たちが今使っている日本語とは少しちがっていて、むずかしく感じるところもありますが、擬音語・擬態語の中にはずっと意味が変《か》わらないものがたくさんあります。つまり、擬音語・擬態語をながめていくと、昔のお話が読みやすいといえるかもしれません。

この本では、ずっと昔から最近《さいきん》までの擬音語《ぎおんご》・擬態語《ぎたいご》の使われ方なども、実際《じっさい》の例《れい》をしめしながら紹介《しょうかい》していきます。みなさんが、それぞれの時代の物音や鳴き声、気持ちの言葉を通して、日本語に親しみを持ってくれればうれしいです。

第一章

音や声、様子をあらわす言葉

1　擬《ぎ》音《おん》語《ご》・擬《ぎ》態《たい》語《ご》って、どんな言葉だろう

この本では、みなさんといっしょに擬音語・擬態語について、いろいろな面から見ていきます。まず第一章では、擬音語・擬態語についての基本的《きほんてき》なことを学びましょう。

音や様子をあらわす

「擬音語・擬態語」は、カタカナの言葉では「オノマトペ」といいます。「オノマトペ」とは、もともとフランス語で、「名前を作ること」という意味から来ているそうです。雨や風などの自然《しぜん》界で起こる音や動物の声、人が行う動きなどの身の回りの物ごとについて、それがどんな音や様子なのかを「自分たちの言葉の名前で説明《せつめい》する」というところから、「オノマトペ」とよば

れるようになったそうです。それを日本の言葉では、「擬音語・擬態語」というようになりました。たとえば、動物の鳴き声をあらわす「わんわん」「にゃーにゃー」、雨や風の音をあらわす「ざあざあ」「びゅう」、物の様子や人の気持ちをあらわす「きらきら」「がっかり」など、これらはすべて擬音語・擬態語です。

日本語は、擬音語・擬態語の数が多いことで有名です。正確《せいかく》な数はわかっていませんが、四千五百から五千種類《しゅるい》くらいあるともいわれています。これは、世界の言語の中でも、特別《とくべつ》に多い方です。

擬音語・擬態語の「擬《ぎ》」の漢字には、「ほかのものに似《に》せる・たとえる」という意味があります。まわりの「音」や「態《たい》（様子のこと）」を、「日本語にあてはめるとこんなふうだな」、「こんなふんいきや物に似ているな」、というように、言葉を使って、実感が持てるように言いあらわそうとしたのが、擬音語・擬態語の始まりです。「擬音」や「擬態」は少しむずかしい言葉ですので、みなさんが学校で使う国語の教科書には、「音や様子をあらわす言葉」というような名前で紹介《しょうかい》されていることも多いようです。「音」の印象《いんしょう》を大事にして言葉にしていることから、「音象徴語《おんしょうちょうご》」とよんでいる人たちもいます。

この本の中では、一番よく使われている「擬音語《ぎおんご》・擬態語《ぎたいご》」というよび方を使って、「わんわん」「はくしょん」「こんこん」などの音をあらわす言葉と、「わくわく」「がっかり」「のんびり」などの様子をあらわす言葉を、いっしょに考えていきたいと思います。

擬音語・擬態語との出合い

日本人がこの擬音語・擬態語を使い始めたのは、いつごろでしょうか。くわしくは次の第二章で見ていきますが、現在《げんざい》のこっている一番古い本の中でも、すでに擬音語・擬態語が使われていることがわかっています。文字が生まれたのは、話す言葉が生まれてからずっと後のことですので、実際《じっさい》には、一番古い本よりも、ずっとずっと前から、私《わたし》たちは擬音語・擬態語を使っていたと考えられています。

なぜ擬音語《ぎおんご》・擬態語《ぎたいご》が生まれたのか

私《わたし》たち人間は、新しい物や様子に出合ってそれが気になると、何とか言葉でほかの人に説明《せつめい》しようとします。きれいな物に出合った感動をいっしょに分かち合いたい時、危険《きけん》な生き物を見てそれをまわりの人にも注意してほしい時など、さまざまな時に、言葉で説明することが必要《ひつよう》になります。

特《とく》に昔は、カメラやペンもないですから、自分が見たもの・聞いたものをほかの人に伝《つた》える方法《ほうほう》は、自分の口から出る言葉だけだったのです。どこかで見た自然《しぜん》界の物の様子や動物の声などを、何とか伝わりやすいように言葉を工夫《くふう》していくうちに、みんなで共感《きょうかん》しやすい言葉に落ち着いていき、だれもが理解《りかい》できる擬音語・擬態語の言葉が生まれていきました。

このように、擬音語・擬態語は、長い時間をかけてでき上がってきた言葉です。そしてそこには、擬音語・擬態語を生み出した各《かく》時代の人が、見たり聞いたりした世界のすがたが、いきいきと再現《さいげん》されています。いろいろな時代の擬音語・擬態語をながめていくと、その時代の文化や様子がわかる、という人もいます。たとえば、おしゃれな女の人が歩く音を、昔は「からんころん」とあらわしていたのに、今では「かつかつ」などとあらわします。これは、昔の女の人が下駄《げた》をはいていたのに対して、今はハイヒールなどをはいているからなのです。

このように、音をくらべると、その時代ごとの文化や様子がよみがえってきます。擬音語《ぎおんご》・擬態語《ぎたいご》は、そんな力を持っている言葉です。そしてそれは、日本語・日本人だけのことではありません。国や地域《ちいき》で使われている言語ごとに、「これをほかの人に伝《つた》えたい！」「伝えなきゃ！」というものはちがいます。では、ここで一つ例《れい》を見てみましょう。いろいろな国の人に、こんな質問《しつもん》をしてみました。

「あなたの国の言葉で、『イヌの鳴き声』、『ウシの鳴き声』、『スズメの鳴き声』を、それぞれ何と言いますか。」

ちなみに、日本人は、一般的《いっぱんてき》に、「わんわん」、「もーもー」、「ちゅんちゅん」と答える人が多いですよね。

ほかの国ではどうなのでしょうか。聞いてみると、「イヌの鳴き声」と「ウ

シの鳴き声」をあらわす言葉はどの国にもあったのですが、「スズメの鳴き声」についてては、
「何て鳴くか気にしたことがないから、わからない。」（スペイン語）
「考えたことがない。」（ベトナム語）
「わざわざ声について考えない。」（インドネシア語）
「スズメだけの声はわからない。小さい鳥は全部『ピウピウ』と鳴く。」（ポルトガル語）

という結果《けっか》となりました。スズメの声を気にしたことがない国がたくさんあるなんて、おもしろいですよね。

もちろん、「チャチャ」（ネパール語）、「キチビチ」（スリランカ語）、「ジブジブ」（モンゴル語）など、自分の国の言葉で答えてくれた人もたくさんいます。こちらも、それぞれにちがいがあって、楽しい結果となりました。

まずは、スズメの声をあらわす擬音語《ぎおんご》がない言語があることに注目です。さきほど述《の》べたとおり、「ほかの人に伝《つた》えたい！」「伝えなきゃ！」という物やことがらは、言語ごとにちがいます。スズメの鳴き方を特《とく》にあらわす擬音語がない地域《ちいき》の人にとっては、スズメの声はわざわざほかの人に伝えなければならないものではなかったのでしょう。だから気にする必要《ひつよう》はなく、言葉にしなかったということです。

また、スズメの鳴き方は、国や地域に関係《かんけい》なく同じものであるはずなのに、それぞれの言葉で、ちがった擬音語を使ってあらわしています。つまり擬音語・擬態語《ぎたいご》は、単《たん》に自然《しぜん》界の音を上手にまねしたものではないということです。それぞれの言語の音や形の仕組みにきちんとあてはめて、みんなで共感《きょうかん》できるものに作り上げ、しっかり完成《かんせい》させた単語（※）なのです。

（※意味や働《はたら》きを持つ、ひとまとまりの言葉。）

スズメは、ほんの一例《れい》です。日本語の擬音語《ぎおんご》・擬態語《ぎたいご》をいろいろな外国語とくらべてみると、日本語には鳥や虫の声などをあらわす言葉がたしかに多いことに気づきます。このことから、「日本人は鳥や虫のささやかな声を気にする人たちなんだな」と実感することができるのです。

もちろん、それは、日本語がほかの国の言葉にくらべて特別《とくべつ》に豊《ゆた》かな言語だということではありません。それぞれの国や地域《ちいき》で使われている言語には、その場所や状況《じょうきょう》に合わせた得意《とくい》・不《ふ》得意があるのです。各《かく》言語の「特《とく》ちょう」といってもよいでしょう。擬音語・擬態語に注目して見ていくと、その言葉の根っこのところにある、その国や地域の人の「気にしているもの」、「大切にしている世界観《かん》」がつかめるように思えるので、とても興味《きょうみ》深いのです。

音をあらわす語

ここまで、擬音語と擬態語をまとめて考えてきましたが、ここからは、擬音語と擬態語の区別《くべつ》の仕方について、少しふれておきます。

まず、「擬音語」は、音をあらわす言葉です。さきほど出てきた動物や鳥、虫の鳴き声、私《わたし》たちが話す以外《いがい》で口から出る音「えーんえーん」「はくしょん」「わはははは」などがこれにふくまれます。それから、雨や風などの自然現《しぜんげん》象《しょう》をあらわす音、何かをたたく時の「ばんばん」や、花火が上がる「ひゅるるるるる、どーん」などの物音も擬音語です。

つまり、現実《げんじつ》世界の声や物音を、日本語らしい音にあてはめてうつしとったものが擬音語です。

様子をあらわす語

それでは、「擬態語」はどうでしょうか。こちらは、人をはじめとする生き物や物の様子、人や動物の気持ちをあらわす言葉です。
たとえば、たくさん持っているおみやげの様子を「どっさり」、部屋がちらかっている様子を「ぐちゃぐちゃ」などと言いますね。本当に「どっさり」や「ぐちゃぐちゃ」などと音が聞こえてくるわけではないですが、「そういう感じの音が合っているなぁ」とみんなが実感できるように、音のイメージを利用《りよう》して日本語であらわしています。すごくつかれた時に「ぐったり」、横から見ていて心配でたまらない気持ちを「はらはら」などというのも、音はしないはずなのに、感覚的《かんかくてき》に「そうそう、そんな感じ」と実感しやすいですよね。

本当は音がしない現実《げんじつ》世界の様子や状態《じょうたい》、人の気持ちを、いかにもそれらしいぴったりの音をさがして言葉としてあらわしているのですから、擬態語《ぎたいご》にはたくさんの工夫《くふう》がつまっているのです。

どっさり

ぐちゃぐちゃ

2　何でもランキング

ここからは、擬音語《ぎおんご》・擬態語《ぎたいご》についてもっとよく知るために、いろいろなランキングを見ていきましょう。

多い言語

日本語は、擬音語・擬態語の数が特《とく》に多い言語の一つです。世界には数千種類《しゅるい》もの言語があって、そのすべてを調べることはできません。しかし、使っている人が多い言語の間でくらべると、擬音語・擬態語が特に多いのは、韓《かん》国《こく》・朝鮮《ちょうせん》語と日本語だといわれています。また、日本語の擬音語・擬態語の数は、英語《えいご》や中国語などの数倍多い、という人もいます。

こうしてみると、たしかに日本語の擬音語・擬態語の数は多いようです。

では、日本語の擬音語・擬態語は、外国出身の人たちからはどう見えるのでしょうか。今回私《わたし》は、中国、アメリカ、スペイン、ベトナム、モンゴル、ネパールなどから来て日本語を勉強しているみなさんに、「日本語の擬音語・擬態語について、自分の国の言葉とくらべてどう思うか」を聞いてみました。

すると、やはり全員が、「日本語の擬音語・擬態語は数が多い」と感じていることがわかりました。そして、ほかにも興味《きょうみ》深いことに、「自分たちの国では擬音語・擬態語は子どもっぽい言葉だと考えられていて、大人はあまり使わないが、日本では大人もたくさん使う」と答えてくれました。

日本語は、単純《たんじゅん》に「擬音語・擬態語がほかの言語より豊富《ほうふ》」なだけではなく、「大人が擬音語・擬態語を使う回数や、その種類《しゅるい》がほかの言語より豊富」と言いかえた方がよいかもしれません。「大人から子どもまで、たくさんの人に愛《あい》されている」、これが日本語の擬音語・擬態語の特ちょうなのです。

どんな場所で使われているか

ここで問題です。擬音語《ぎおんご》・擬態語《ぎたいご》がよく使われる場所・場面とは、どこだと思いますか。反対に使われないところはあるのでしょうか。まわりの日本語をチェックしてみてください。テレビ、本、雑誌《ざっし》、お店の中の表示《ひょうじ》、広告《こうこく》……。あちらでもこちらでも擬音語・擬態語が使われていることがわかるでしょう。外国人から、「日本で擬音語・擬態語を見ない日はない。どこに行ってもあるから」と言われたことがありますが、本当にそうですよね。

では、実際《じっさい》に使われている場面を見ていきましょう。これもいろんなものどうしをくらべてデータを出すのはむずかしいのですが、よく言われるのは、「マンガ」「テレビのコマーシャル」「絵本」「小説《しょうせつ》」「雑誌」「歌詞《かし》」、そして「商品の名前」などでよく使われる、ということです。

たしかに、手元にあるマンガをてきとうにぺらぺらとめくってみると、どのページにも音や様子をあらわす言葉がのっているように思えます。「マンガ」と擬音語・擬態語は切りはなせない関係《かんけい》のようです。さらに、くわしくは第三章で述《の》べますが、雑誌を開くと「とろとろのプリン」や「ふわふわのニット」、スーパーに行けば「ごきぶりホイホイ」や「ポッキー」、歌詞では「春の小川は　さらさら行くよ」と、擬音語・擬態語は、どこにでもあります。もちろん、文字にはなっていなくても、私《わたし》たちが友だちとするおしゃべりにだって、いっぱい使われているのです。今度、友だちの言葉も、気をつけて聞いてみてくださいね。

これだけ身近な擬音語・擬態語ですが、反対に、使われにくい場所はあるのでしょうか。実は、新聞の中の「政治《せいじ》や経済《けいざい》の記事」にはあまり出てこないことがわかっています。また、話し言葉でも、政治家の講演《こうえん》や、入学式などの公《おおやけ》の場所、かたくるしい話をする場面には、なかなか出てきません。

擬音語《ぎおんご》・擬態語《ぎたいご》は、人それぞれの感覚《かんかく》を大切にする、気持ちのいっぱいこもった言葉なので、気持ちに左右されずに正確《せいかく》な情報《じょうほう》を伝《つた》えなければならない政治《せいじ》・経済《けいざい》の話題や、公的《てき》な場面には向かないのですね。

よく使う作家・あまり使わない作家

みなさんは擬音語・擬態語が好《す》きですか。「そんなことを言われてもわからないよ」と思うかもしれないですね。みなさんが国語の教科書などで見たことがある作家たちの中には、擬音語・擬態語を本の中にたくさん登場させている人たちもいれば、反対に「擬音語・擬態語は使いたくない！」と宣言《せんげん》していて、なるべく使わないようにしている人もいるのです。

擬音語・擬態語が好きだと思われる作家の代表は、宮沢賢治《みやざわけんじ》です。有名な『風の又《また》三郎』という本は、「どっどど　どどうど」と風の音から始まって、中にも擬音語・擬態語がいっぱい出てきます。

ほかには、詩人の谷川俊太郎《たにかわしゅんたろう》さんも、擬音語・擬態語が好きだそうです。夏目漱石《なつめそうせき》や吉本《よしもと》ばななさんなど、そのほかにも、擬音語・擬態語をよく使うことで知られている人はたくさんいます。

反対に、昭和の時代に活やくした三島由紀夫《みしまゆきお》という作家は、「擬音語《ぎおんご》・擬態語《ぎたいご》を使うことをなるべく少なくしよう」とよびかけ、自分の作品で実行しました。また、明治・大正時代の森鷗外《もりおうがい》という作家の作品にも、あまり使われていないようです。しかしおもしろいのは、「使いたくない」と言っている人や、「使用回数が少ない」とされている人たちの作品にも、一定の数の擬音語・擬態語が使われていることです。三島由紀夫の短い小説《しょうせつ》にも、一冊《さつ》に百個《こ》くらいは出てくるようです。「使いたくなくても使っちゃう！」、それくらい日本語とは切っても切りはなせない存在《そんざい》なのかもしれませんね。

よく使われる語、ナンバーワンは

日本語に五千種類《しゅるい》ほどもあるという擬音語・擬態語ですが、その中で一番使われている言葉は、いったいどれでしょうか。予想してみてください。

使われている場所によってもちがいますが、ここでは、私《わたし》が一か月分の新聞記事を調べてみた結果《けっか》を発表します。一番多く出てきたのは、「しっかり」です。二位《い》は「きちん（と）」、三位「びっくり」と「ゆっくり」、五位「はっきり」、六位「たっぷり」、七位「ほっ（と）」、八位「どんどん」と「ばらばら」、十位「じっくり」と「すっかり」の順でした。予想は当たりましたか。新聞では、「どきどき」や「わくわく」のように「○△○△」という形ではなく、「しっかり」「はっきり」のような「○っ△り」の形が多いようです。

また、私が教えている学生たちの十年分の調査《ちょうさ》によると、流行歌の歌詞《かし》には、「そっ（と）」という語が一番多く使われていました。ほかには「きらきら」や「ぎゅっ（と）」「ばらばら」なども、よく使われているようです。

めずらしい語にも、大切な役割《やくわり》があるのです

ここまでは、「よく使われる」という面から、擬音語・擬態語を見てきました。最後に、めったに使われない、めずらしい語に注目してみましょう。

さきほどご紹介《しょうかい》した宮沢賢治《みやざわけんじ》の『やまなし』という本に、「かぷかぷわらったよ」という表現《ひょうげん》が出てきます。これはいったい、どういうわらい方でしょうか。また、中原中也《なかはらちゅうや》という人が書いた詩の中では、サーカスのブランコがゆれる様子を「ゆあーん　ゆよーん　ゆやゆよん」とあらわしています。これらはどちらも、ほかにはない、二人が自分で作った言葉だといわれていますが、意味は何となくわかりますよね。

こういうめずらしい語は、「えっ、これは何だろう。どういう意味なの」と、読む人に考えさせることが大切な役割《やくわり》です。たくさんの人が当たり前に使っている語では決してあらわしきれない強い思いを、自分だけのオリジナルの言葉を使って際立《きわだ》たせることができるのです。

これも、擬音語《ぎおんご》・擬態語《ぎたいご》ならではの力です。

これから、めずらしい擬音語・擬態語に出合ったら、書いている人がどんな気持ちでその語を使ったのか、よく気をつけて注目してみてくださいね。

3　もし擬音語《ぎおんご》・擬態語《ぎたいご》がなかったら

言いかえてみよう

ここまで、日本語には擬音語・擬態語がたくさん使われていることを、いろいろな面から見てきました。擬音語・擬態語は、短いのに、様子や音の感じを伝《つた》える力がある、とても便利《べんり》な言葉です。あまりに使いやすいので、もし擬音語・擬態語がなかったらどうしたらいいかわからなくなってしまう場面も多いといわれています。でも、それは本当なのでしょうか。擬音語・擬態語が使えないとどうなるか、実際《じっさい》にためしてみませんか。

①から④まで、擬音語・擬態語を使った文を用意しました。まずは読んでみてください。横に線が引いてあるのが擬音語・擬態語です。

①「ひとりごとをぶつぶつ言っている人がいた。」
②「ゾウはずしんずしん、ペンギンはよちよち歩く。」
③「青空に、白い雲がぽっかりとうかんでいる。」
④「ざわざわしていたが、先生が入ってくるとしーんとなった。」

それぞれ、一瞬《いっしゅん》で様子がうかぶような文ですね。

では、擬音語・擬態語のない状態《じょうたい》を体験《たいけん》してみましょう。同じ文をもう一度ならべます。そこから擬音語・擬態語を消して、べつの言葉に書きかえるとしたら、どう言えばよいでしょうか。できるだけ同じような意味が伝えられる言い方を考えて、（　）に入れてください。正解《せいかい》は一つではないので、自由に考えてください。

①「ひとりごとをぶつぶつ（↓　　　　　　　　　　　）
言っている人がいた。」

②「ゾウはずしんずしん（↓　　　　　　　　　　　）、
ペンギンはよちよち（↓　　　　　　　　　　　）歩く。」

③「青空に、白い雲がぽっかりと（↓　　　　　　　　　　　）
うかんでいる。」

④「ざわざわ（↓　　　　　　　　　　　）していたが、
先生が入ってくるとしーんと（↓　　　　　　　　　　　）なった。」

いかがですか。①の「ぶつぶつ」は、たとえば「ひとりごとを（まわりに聞こえないような小さな声で長い時間）言っている人がいた。」などが考えられますね。わかりますか。たった四文字の「ぶつぶつ」なのに、それを使わないで説明《せつめい》しようとすると、すごく長くなってしまうのです。読むのも大《たい》変《へん》ですね。

ちなみに、②〜④を言いかえた例《れい》は、

②ずしんずしん↓（すごく大きくて重そうに）

よちよち↓（かわいらしく小さな歩はばで）

③ぽっかり↓（一つだけほかとはなれて）

④ざわざわ↓（みんながそれぞれに話してうるさく）

しーん↓（完全《かんぜん》にしずかに）

などが考えられます。どれも長いですね。一番大切なのは、わかりやすいかどうかです。もともと入っていた擬音語《ぎおんご》・擬態語《ぎたいご》と、長くなった言いかえの説明では、どちらがわかりやすいでしょうか。人によって好《す》ききらいは分かれると思いますが、少ない文字数なのに一瞬《いっしゅん》で様子をわかりやすく伝《つた》えることのできる、擬音語・擬態語の力が実感できたのではないかと思います。

擬音語《ぎおんご》・擬態語《ぎたいご》がない世界は

擬音語・擬態語を使わないと、たくさんの言葉で説明《せつめい》しなければならないことがわかりました。もしも、擬音語・擬態語禁止令《きんしれい》（？）なんていうものが出されたりしたら、私《わたし》たちの毎日の生活はどうなってしまうのでしょうか。きっとこまることばかりでしょうね。一番こんらんする場所の一つが、病院なのではないかといわれています。今は、病院に行って体調を聞かれた時に、「頭が痛《いた》いんです。右の方がずきずきして、全体的《てき》にぼーっとするし」とか、

「昨日から頭ががんがんするんです。胃《い》もずっとむかむかして……」

のように、擬音語・擬態語を使って伝《つた》えることがよくあります。痛みの種類《しゅるい》をあらわす擬音語・擬態語は、ほかにも、「じんじん」「きりきり」「しくしく」「どくどく」など、たくさんあります。

頭がガんガんするんです

擬音語《ぎおんご》・擬態語《ぎたいご》は、同じ気持ちを感じてもらうのに便利《べんり》な言葉なので、お医者さんにも病気の様子がうまく伝《つた》わるのです。

もし、擬音語・擬態語がなかったら、いったいどうなってしまうのでしょうか。さきほどの例題《れいだい》を思い出してみてください。長ながと説明《せつめい》が必要《ひつよう》になり、そのうえなかなか気持ちが伝わらないなんて、病気でつらい思いをしているのに大変《たいへん》すぎますね。

第二章

種類《しゅるい》と歴史《れきし》

1　古典《こてん》の中の擬音語《ぎおんご》・擬態語《ぎたいご》

一番古いもの

日本人が最初《さいしょ》に使った擬音語・擬態語は、いったい何だったのでしょうか。昔の人が擬音語・擬態語を話す様子を想像《そうぞう》してみるのは楽しいですが、言葉というものは、口に出すと同時にすぐに消えていってしまいますので、実際《じっさい》にどんな言葉を使っていたのかを知ることは、残念《ざんねん》ながらできません。

では、今でも文字になってのこされている日本語の中で、はじめに出てくる擬音語・擬態語は何でしょうか。これなら答えがわかりそうです。

日本にのこっている一番古い本の名前は、『古事記《こじき》』といいます。七一二年、奈良《なら》時代（七一〇―七九四年）のはじめに書かれたといわれています。最初《さいしょ》に、神様たちの時代の話があり、イザナギノミコト、イザナミノミコトという二人の神様が、日本の島を造《つく》っていく場面があります（カラー口絵参照《さんしょう》）。そこに、こんな表現《ひょうげん》が出てきます。

（二人の神様は天空にうかんだ橋の上にお立ちになって）
「*1其《そ》の沼矛《ぬほこ》を指《さ》し下《おろ》して画《か》きしかば、塩《しほ》こをろこをろに画《か》き鳴《な》して」

「矛《ほこ》」とは、長い棒《ぼう》のような物のことです。空の上の橋から海を見下ろし、棒を海にさしてかき回している様子です。その時に海の潮《しお》が立てた音が「こをろこをろ」とあらわされています。現代《げんだい》の言葉でいうと「からから（鳴らして）」、に近い意味です。そうです、この「こをろこをろ」が、日本でもっとも古い擬音語・擬態語ではないかとされています。神様の島造りという、だれも見たことのない場面ですが、「こをろこをろ」とあるおかげで、一気に身近で具体的《てき》なものに思えてきますね。

『古事記』にはほかに、ヤマトタケルノミコトという神様が歩き回ってつかれはてた時に、

*1「吾《あ》が足歩むこと得《え》ずして、たぎたぎしく成《な》りぬ」

という表現《ひょうげん》も出てきます。この「たぎたぎし」も擬態語《ぎたいご》で、「私《わたし》の足は歩くことができず、はれてぼこぼこになった」という意味です。足がもう動かない、つらそうなすがたが目にうかんでくるような表現ではないでしょうか。

『古事記』と同じ奈良《なら》時代にできたといわれる日本最古《さいこ》の歌集『万葉集《まんようしゅう》』の中にも、擬音語《ぎおんご》・擬態語が登場しています。

一つ紹介《しょうかい》します。それは、山上憶良《やまのうえのおくら》という歌人の、まずしさをなげく歌の中で、「雪の降《ふ》る晩《ばん》、どうしようもないほど寒い」という説明《せつめい》の後に、「鼻び

しびしに」という表現が出てきます。「びしびし」は今の「びしびし練習させる」などの使い方とはちがい、当時は、鼻をすする音として使われていました。あたたかい服や布団《ふとん》も買えないので、鼻水がとまらないのです。読むだけで、寒さが伝《つた》わってくるようです。

このように、日本にのこっている一番古い時代の本の中でも、擬音語・擬態語は、すでに大活やくしていたのです。

有名なあの作品にも擬音語・擬態語がいっぱい

みなさんが知っている昔の話には、どんなものがありますか。国語の教科書にのっているような昔の話（「古典《こてん》」といいます）の中にも、擬音語・擬態語がたくさん使われています。たとえば次は、有名な『源氏《げんじ》物語』という本に出てくる擬音語・擬態語です。（　）の中は、現代《げんだい》の言葉に言いかえたものです。

「*2引き動かしたまへど、なよなよとして、我《われ》にもあらぬさま」
（ゆすってごらんになるが、ぐったりとして正気も失《うしな》っている様子）
「*3来て、ねうねう、といとらうたげに鳴けば」
（やって来て「ねうねう」ととてもかわいらしげに鳴くので）

『源氏物語《げんじものがたり》』には、都の優雅《ゆうが》なやりとりがえがかれているので、女性《じょせい》や自然《しぜん》の様子をあらわす語がたくさん使われています。ここで紹介《しょうかい》した「なよなよ」は女性の様子、「ねうねう」はネコの鳴き声です。ちなみに、この「ねうねう」にはべつの意味もかくされているのですが、それについては、後の「掛詞《かけことば》」の項目《こうもく》でお話ししようと思います。

一方、次は、武士《ぶし》の合戦《かっせん》をえがいた『平家物語《へいけものがたり》』の擬音語《ぎおんご》・擬態語《ぎたいご》です。

「[*4]与《よ》一《いち》鏑《かぶら》をとッてつがひ、よッぴいてひやうどはなつ」
（与一は鏑《かぶら》矢《や》を取って弓にセットし、十分引きしぼってひゅうっと射《い》った）
「おしならべてむずとくんでどうどおち」
（馬をならべてむんずと組んでどすんと落ち）

いかがでしょうか。『源氏物語』とはまったくちがいますね。このように、『平家物語』には勢《いきお》いや力強さをあらわす言葉が、たくさん出てきます。

次に、平安時代（七九四―一一八五年）末期《まっき》に書かれた『今昔《こんじゃく》物語集』の表現《ひょうげん》を紹介《しょうかい》します。使われている擬音語・擬態語から、どんな話なのかが、想像《そうぞう》できるでしょうか。

「[*5]さらさらと煮返《にかへ》して、『暑預粥《いもがゆ》出来《いでき》にたり』と云《い》へば」
（さらさらと軽く煮返《にかえ》して、「芋粥《いもがゆ》ができあがったよ」と言うと）

「人も不乗音《のらぬおと》にてからからと聞《きこ》えければ」
（人が乗らない音でからからと聞こえたので）

もちろんこれだけではわかりませんね。でも、もっと読んでみると、『今《こん》昔物語集《じゃくものがたりしゅう》』には身の回りの生活の音や様子をあらわす言葉がたくさん使われていることが発見できると思います。
このように、古典《こてん》には、それぞれの内容《ないよう》に合った擬音語《ぎおんご》・擬態語《ぎたいご》がたくさん使われています。どんな語が登場するか、ぜひ読んでみてください。

歴史上《れきし》の人物も使っていたのでしょうか

擬音語・擬態語は、気軽なおしゃべりをする時に、たくさん使われる言葉です。しかし、昔の日本語は、話す時の言葉と書く時の言葉との間に、今よりももっと大きなちがいがあったので、昔の人がどんな ふうに話していたのかは、書いてある言葉からだけではわかりません。

では、昔の人の気軽なおしゃべりを知るには、どうしたらよいでしょうか。おすすめは、江戸《えど》時代（一六〇三―一八六八年）などに生まれた古典落語を聞くことです。落語には、老若男女《ろうにゃくなんにょ》さまざまな人びとの話し言葉が、いきいきと再現《さいげん》されていますので、その時代のおしゃべりを体験《たいけん》することができるというわけです。ここでは一つご紹介《しょうかい》します。元気のいい親方のせりふです。

＊6「天井裏《てんじょううら》からわらじがゾロッと出てくるって、あの話だろ？」（『ぞろぞろ』）

落語には、こうしたテンポのいい擬音語・擬態語が本当によく出てきます。やはり擬音語・擬態語はおしゃべりにぴったりの言葉なのです。落語の登場人物たちがいきいきと話す擬音語・擬態語を聞いて、昔の有名な人物たちもこんな言葉を使っていたのかな、と想像《そうぞう》してみるのもおもしろいものです。

前は漢字で書かれることもありました

現在《げんざい》の日本語では、擬音語《ぎおんご》・擬態語《ぎたいご》はひらがなかカタカナで書かれるのが一般的《いっぱんてき》です。ところが、少し前の時代は、「断然《すっぱり》」「恍惚《うっとり》」のように、「漢字＋ふりがな」という方法《ほうほう》で書かれることも多かったのです。

特《とく》に明治時代（一八六八―一九一二年）はこの書き方がさかんで、調査《ちょうさ》によると、「東京朝日新聞」という新聞では、当時使われていた擬音語・擬態語の二〇パーセント近くが、漢字を使って書かれていたようです。作者や作品によって大きなちがいはありますが、たとえば尾崎紅葉《おざきこうよう》という作家の『多情多恨《たじょうたこん》』という作品では、実に七三・八パーセントもの擬音語・擬態語が「漢字＋ふりがな」の形で書かれていたことがわかっています。

ほかの作者の作品でも、漢字を使った書き方が当たり前のようにたくさん見られます。たとえば、有名な作家、夏目漱石《なつめそうせき》の作品には、「確然《しっかり》」「判然《はっきり》」「悄々《しおしお》」「徐々《そろそろ》」などの漢字で書かれた言葉が出てきています。

昔の言葉あそびにちょうせんしよう

突然《とつぜん》ですが、ここで、昔の言葉あそびにちょうせんしてみましょう。

はじめは、さきほどご紹介《しょうかい》した『万葉集』からの問題です。

『万葉集』には「馬声」と書いて「い」、「蜂音《はち》」と書いて「ぶ」と読ませる場面があるのですが、なぜ、このように読めるのでしょうか。

これは少しむずかしいかもしれませんね。実は、馬の鳴き声は、今では一般的に「ひひん」ということが多いですが、『万葉集』が書かれたころの日本語には「h」の音がありませんでした。そんな理由もあって、当時は馬の鳴き声を、「いいん」と聞いていたようです。その最初《さいしょ》の音をとって、「馬声」と書いて「い」と読ませたわけです。次に「蜂音」ですが、こちらは、ハチの羽音を想像《そうぞう》してみるとわかりやすいかもしれません。「ぶぶぶ」、あるいは「ぶーんぶーん」と、今でも言いますね。この最初の音から、「ぶ」と読ませたのです。いかがでしょうか。問題のとき方がわかったでしょうか。

では、次は、絵を見ながら考えてほしい問題です。江戸《えど》時代の日本は、まだ識字率《しきじりつ》（字が読める人の割合《わりあい》）が低《ひく》く、字がわからない人びとがいました。その人たちでも仏教《ぶっきょう》のお経《きょう》をとなえることができるように、いろいろな工夫《くふう》がなされていましたが、その一つが、般若心経《はんにゃしんぎょう》などのお経《きょう》を絵を使って表現《ひょうげん》する「絵経《えきょう》」とよばれるものです。文字を絵におきかえて、その文字があらわす言葉や音を読み取らせました。今私《わたし》たちがメールをうつ時に使う絵文字と似《に》ているかもしれません。このようなものが、江戸時代にもあったなんて、興味《きょうみ》深いですね。絵経は、岩手県北部で生まれ、現在《げんざい》の盛岡《もりおか》で発達《はったつ》したもので、いくつかのパターンがのこっているのですが、その一つがこちらです。

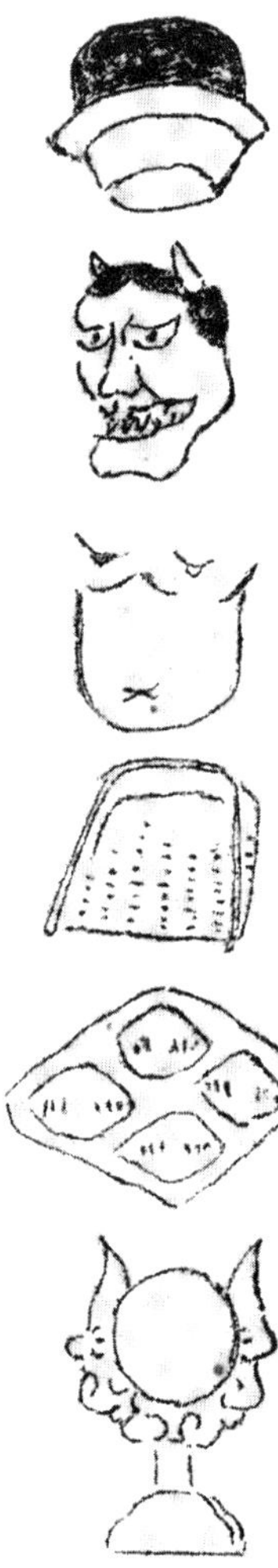

資料提供：盛岡てがみ館

どの絵がどんな音をあらわしているのか、なぞときのようでおもしろいと思いませんか。「まか」の音にかま（ごはんをたく道具）を逆《ぎゃく》にした絵、「はら」の音におなかの絵、「た」には田んぼの絵などなど、ぱっと見てわかる親しみやすい絵です。

その中で注目は、次の①〜③（※）です。それぞれ何の文字をあらわしているのでしょうか。①はサル、②はウシ（の角）、そして③は何とイヌがおしっこをしている絵です。さきほどの考え方を使い、答えてみてください。

※①③は「般若心経」、②は「吉祥《きちじょう》陀羅尼《だらに》」というお経の絵経に出てきます。

①

②

③

資料提供：盛岡てがみ館

それでは、正解《せいかい》を発表します。①のサルは「ぎゃ」、②のウシは「も」の音をあらわしたものなのです。もうわかりますね。これはそれぞれに、サルの「ぎゃー」、ウシの「もー」という鳴き声から、最初《さいしょ》の音をとっているわけです。このほかにもイヌの絵を「わ」(「わん」から)と読ませるものもあります。この絵経《えきょう》を見ると、江戸《えど》時代にはもう、これらの動物の鳴き声を、今と同じように聞いていたことがわかるのです。

では、いったい③のイヌのおしっこは、何の音をあらわすのでしょうか。これは「さつ」と読ませるそうです。なんでも、昔は、イヌがおしっこをする音を「さっ」と聞いていたからだとか。これも擬音語《ぎおんご》からきている絵ですが、鳴き声にくらべて、少しわかりにくいですね。江戸時代の人にはすぐにわかったのでしょうか。今では、おしっこをさせる時、赤ちゃんに「しーしー」と言ったりしますが、当時は「さっ」と言っていたのかな、などといろいろ想像《そうぞう》してみるのも楽しいものですね。

2　意味が変《か》わったもの・変わらないもの

ここまで、昔のお話の中の擬音語・擬態語《ぎたいご》を、いくつか見てきました。その中には、「からから」（『今昔物語集《こんじゃくものがたりしゅう》』）のように、現在《げんざい》、私《わたし》たちが使っているものと形や意味が同じものもありましたが、足がはれてしまって動かなくなってしまった時の「たぎたぎし」（『古事記』）のように、今は使われていないものもありました。それから、鼻水をすする音の「びしびし」（『万葉集』）のように、語そのものは今も使われていても、使い方や意味がちがうというものも見られましたね。

このように、昔と今とでくらべてみると、いろいろな変化《へんか》の仕方があることがわかりますので、見ていきましょう。

昔と今とをくらべてみると

昔使われていた擬音語《ぎおんご》・擬態語《ぎたいご》の中で、今でものこっているものは、どのくらいあると思いますか。古典《こてん》をぱっと見ると、今とはぜんぜんちがう日本語なので「むずかしい、読めないよ」と思った経験《けいけん》がある人も多いのではないでしょうか。そう考えると、昔と今とでは、擬音語・擬態語も大きく変《か》わっていると思われるかもしれません。ところが以前《いぜん》、山口仲美《なかみ》さんという国語学の先生が、『今昔物語集《こんじゃくものがたりしゅう》』を調べた結果《けっか》、何と、出てくる擬音語・擬態語の五三パーセントもが、今でも使われていることがわかったのです。『今昔物語集』は、平安時代の終わりにできたといわれています。今から九百年くらい前です。そんな昔と今とで、半分以上《いじょう》の擬音語・擬態語が変わらないまま使われ続《つづ》けているなんて、すごいですよね。

それよりもっと前、今から千年以上昔に書かれた『源氏《げんじ》物語』を見ても、さきほどの「なよなよ」や、かみの毛がゆれる様子をあらわす「ゆらゆら」

など、今でも使っているものがたくさん見つかるのです。
でも、反対に言えば、半分近い擬音語・擬態語は、形や意味が変わってきたということです。ここからは、今と昔のちがいに注目してみましょう。

これ、どんな意味？

次の二つの例《れい》を見てください。線を引いたのが擬音語・擬態語です。どんな意味の言葉なのか、考えてみてくださいね。

*3「雫《しづく》もよよと食ひ濡《ぬ》らしたまへば」（『源氏物語』）
*5「水をつふつふと歩《あゆ》ばして行《ゆき》けるに」（『今昔物語集』）

「よよ」と「つふつふ」。どちらも今では使われません。まず、『源氏物語』に出てくる「よよ」は、ここでは「よだれが口からだらだらと流れ出る様子」

をあらわしています。それを知って、文をもう一度見てみると、食べている様子がうかびますね。この「よよ」は平安時代の物語に何回も出てくる語で、ほかには「よよと泣《な》き」のように「しゃくりあげて涙《なみだ》を流す様子」の意味でもよく使われています。平安時代の物語には、食べる場面やかなしい恋愛《れんあい》の場面もたくさんえがかれているので、この「よよ」が好《この》まれたのかもしれませんね。

次に「つふつふ」ですが、これは、「ばしゃばしゃと水音を立てる様子」です。音のイメージから、何となく意外な感じがしませんか。

実は、これは今の「つぶつぶ」に近い音で読まれていたようです。なぜかというと、昔は、書く時に「濁点《だくてん》（゛）」をつけていなかったので、字を見ただけでは、「ふ」なのか「ぶ」なのかわからないのです。たとえば、同じ『今《こん》昔《じゃく》物語集』に「はらはらと出来《いでき》ぬ」＊5「（馬に乗った男たちが）はらはらと下《お》る」という文がありますが、これも今でいう「ばらばら」なのだと考えるとわかりやすいですね。ばらばらと出てきたり、馬から下りたりする様子なのです。

さあ、では「つふつふ」にもどってみます。「゛」をつけて「つぶつぶ」と読んだとしても、「ばしゃばしゃ」の意味はなかなかうかびませんね。

では、今も使われている言葉をヒントにするとどうでしょうか。「ざぶん」「じゃぶじゃぶ」（※）。何の音かわかりますね。どちらも水に関係《かんけい》する言葉です。「二つ目の音が『ぶ』になっている、水に関係した音のなかまがある」というふうに考えてみると、「つふつふ（つぶつぶ）」が水音につながることが、少しわかりやすいのではないでしょうか。

（※「じゃ」で、一音と数えています。）

ちなみに、平安時代には、ほかに「ゆぶゆぶ」という言葉もあって、水気を含《ふく》んでぶよぶよふくれている様子をあらわしていたそうです。水に関係する「ぶ」の音のなかまを、もっとさがしてみたくなりますね。

時代とともに変化《へんか》した言葉

次は、昔と今とで、使い方や音が変《か》わってきた言葉についてお話しします。たとえば「めろめろ」は、今では大好《す》きな様子や気持ちをあらわしますが、百年くらい前までは、燃《も》える様子をあらわす時に使われていました。今の「めらめら」の意味を「めろめろ」が受け持っていたのです。同じように、「ことこと」は今ではシチューなどを煮込《にこ》む様子や小さな物がゆれ動く音に使いますが、笑《わら》い声にも使っていたようです。一九二七年に発刊《はっかん》された『伊豆《いず》の踊子《おどりこ》』（川端康成《かわばたやすなり》著《ちょ》）にも、「ことことと」と笑う場面が出てきます。

そのほかに、昔と今とで形が少しだけ変わった語もあります。江戸《えど》時代より少し前に作られた『附子《ぶす》』という狂言《きょうげん》のお話に、水あめをはじめて見た感想《かんそう》を、「どんみりとして、うまそう」と言うせりふがあります。この「どんみり」[*7]は今ではありませんが、「どんより」と似《に》ていますね。

こうした時代とともに変化した言葉は、ほかにもたくさん見つかります。

意味が増《ふ》えたり、減《へ》ったり

昔と今とでくらべると、意味が増えたり減ったりしている語もあります。ここでは、そのうちの一つ、「ひしひし」をご紹介《しょうかい》します。「ひしひし」は、今だと「親のありがたさをひしひしと感じる」のように、「心の底《そこ》から身にしみる」という意味の使い方をします。ところが、古典《こてん》の中では、ほかにもさまざまな「ひしひし」が見つかるのです。

①「五百余騎《よき》ひしひしとくつばみをならぶる」（『平家物語』）[*4]

②「近づかまほしき人の、上戸《じゃうご》にてひしひしと馴《な》れぬる」（『徒然草《つれづれぐさ》』）[*8]

③「ひしひしと、ただ食ひに食ふ音のしければ」（『宇治拾遺物語《うじしゅうい》』）[*9]

④「ものの足音ひしひしと踏《ふ》み鳴らしつつ」（『源氏《げんじ》物語』）[*10]

この「ひしひし」は、みんなちがう意味です。①は今の「ぎっしり」で、すき間がない様子。②は「しっくりと」親しくなる様子。③は今の「むしゃむしゃ」で、激《はげ》しく食べる様子。そして、④は今でいう「みしみし」で、物がきしむ音や様子です。昔は、こんなにたくさんの「ひしひし」が使われていたのです。今もある語が古典に出てきても、意味が変《か》わっている可能性《かのうせい》もあるのでゆだんはできませんね。前後の文を見て、じっくりと考えたいものです。

「ひしひしとくつばみをならぶる」

〔現代《げんだい》の言葉にした時の意味〕

①「五百騎《き》以上《いじょう》の軍勢《ぐんぜい》がぎっしりと馬のくつわ（※）をならべている」

（※馬の口にはめて、たづなをつなぐ金具のこと。）

②「親しくなりたい人がお酒好《ず》きで、しっくりとうちとけた」

③「むしゃむしゃとひたすら食べ続《つづ》ける音がしたので」

④「何者かの足音がみしみしと（床《ゆか》を）ふみ鳴らしながら」

掛詞《かけことば》——一つの言葉に二つの意味

最後《さいご》は「掛詞」の紹介《しょうかい》です。44ページで、「（来て）ねうねうと（いとらうたげに鳴けば）」という、『源氏《げんじ》物語』のかわいいネコの鳴き声を紹介しました。この声を聞いた人は、笑《わら》ってしまいます。どうしてでしょうか。実はこの「ねうねう」には、かくされた意味がもう一つあるのです。それは「ねようねよう」という意味です。ネコが近づいてきて「いっしょにねようねよう」

とさそってきたように感じて笑ってしまった、というわけです。このように、かくされた二つの意味を持たせる方法《ほうほう》を、「掛詞」といいます。昔の擬音語《ぎおんご》・擬態語《ぎたいご》は、この掛詞の材料《ざいりょう》としても大活やくしたのです。

『源氏物語』と同じ時代に書かれた『枕草子《まくらのそうし》』には、ミノムシが、「ちちよ、ちちよ」と心細そうに鳴く、という場面があります。これも、「ちちよ」という虫の声と、親をよぶ「父よ」という二つの意味を持たせています。

掛詞は、当時の人にとって、しゃれた言葉あそびでした。擬音語・擬態語のかくされた意味に気がついた人が「にやっ」とするすがたがうかびますね。

3　新しく登場した言葉

　この章では、昔から使われていた擬音語《ぎおんご》・擬態語《ぎたいご》について、いろいろと紹《しょう》介《かい》してきました。こうしてみると、擬音語・擬態語には、どれも長い歴史《れきし》があるように思えてきますね。でも、実はそういうものばかりではないのです。

　第一章でお話しした擬音語・擬態語の特《とく》ちょうを、思い出してみましょう。擬音語・擬態語は、「音のイメージが強く生きていて、だれにでも意味がわかりやすい」言葉です。ですから、共感《きょうかん》できる音を使えば「新しい言葉を自由に作りやすい」という性質《せいしつ》もあるのです。そのため、いろいろな場所でどんどん新しい擬音語・擬態語が生まれて、広まっていきやすいのです。

　千年以上《いじょう》という長い歴史を持つものと、最近《さいきん》作られたものとがいっしょに使われているのも、擬音語・擬態語のおもしろいところだと思います。

ここでは、そんな新しい擬音語・擬態語のことをお話ししたいと思います。

擬音語・擬態語にも流行があります

ファッションや音楽にはやりがあるように、言葉にも、その時代ごとに人気・不人《ふ》気があります。みなさんは、おじいさんやおばあさんが使っている言葉を聞いて、「ふるーい。今はそんな言葉は使わないよ」と思ったことはありませんか。反対に、みなさんが話している時に、「それ、どういう意味なの？」とまわりの大人から質問《しつもん》された経験《けいけん》もあるのではないでしょうか。これは、生まれた時代によって、使う言葉がちがうから起こることです。

もちろん擬音語・擬態語にも、時代ごとに流行した言葉があります。その年に人気があった言葉を決める「新語・流行語大賞《たいしょう》」という賞がありますが、そこで選《えら》ばれたものの中から擬音語・擬態語に関《かん》するものを、いくつか抜《ぬ》き出してみましょう。たとえば、一九八六年には、「プッツン」という言葉が選《えら》ばれました。これは、常識《じょうしき》はずれの行動をする人をあらわす言葉で、テレビからヒットしました。また、二〇〇〇年には、「パラパラ」という名前のダンスが選ばれています。このダンスは、最初《さいしょ》に「パラパラ」という音を口ずさんだことや、手のふり方の様子から名前がついたといわれています。

もっと最近のものだと、二〇一四年の「壁《かべ》ドン」があります。これも、壁に「ドン」と力強く手をつく音や様子をあらわす言葉で、恋愛《れんあい》ドラマなどがきっかけで人気になりました。このように、テレビなどのメディアから生まれた語は、ほかにもたくさんあります。

また、大ヒットアニメ「ポケットモンスター」のキャラクターである「ピカチュウ」は、電気が光る「ピカピカ」と、ネズミが鳴く「チュウチュウ」という二つの擬音語《ぎおんご》・擬態語《ぎたいご》が合わさって生まれた名前です。

このように、もともとあった二つの擬音語・擬態語を新しい感覚《かんかく》で組み合わせた流行語も目立ちます。代表的《てき》なものをあげると、二〇〇五年ごろにアニメから広まった「ツンデレ」、二〇〇九年ごろから流行した「てへぺろ」などが有名です。「ツンデレ」は、いつもは「ツンツン」とすましているのに、時には「デレデレ」甘《あま》えるという、反対の性質《せいしつ》を持った様子をあらわす言葉です。「てへぺろ」は失敗《しっぱい》した時などに、「てへっ」とてれた声で笑《わら》い「ぺろっ」と舌《した》を出す様子をあらわしています。こうした擬音語どうしの新しい組み合わせ語は、すぐに意味がわかるので、多くの人に伝《つた》わりやすいのです。

反対に、はっきりした意味がないのに人気になる言葉もあります。二〇一一年にデビューした、歌手「きゃりーぱみゅぱみゅ」さんの「ぱみゅ」もその例《れい》です。これはもともと、お笑い芸人《げいにん》の方が、何となくかわいい語感ということで「ぱみゅ」と一発ギャグで言っていたのを、ご本人がぐうぜん聞いて、音のひびきが一瞬《いっしゅん》で気に入り、芸名《げいめい》につけたそうです。

最近《さいきん》では、インターネットから生まれた流行語も多いです。通信販売《つうしんはんばい》サイトで「ポチッ」と購入《こうにゅう》ボタンを押《お》す様子から生まれたのが「ポチる」です。また、ネット上の画像《がぞう》を見ておもしろ味がわかり、笑《わら》いがじわじわこみ上げることを「じわる」というそうです。みなさんのまわりにも使っている人がいるでしょうか。

最新のものを見つけてみよう

ここ何十年かの間だけでも、いろいろな擬音語《ぎおんご》・擬態語《ぎたいご》が新しく生まれたり人気になったりしたことがわかりました。では、現在一般的《げんざいいっぱんてき》に使われている中で、一番新しく生まれた擬音語・擬態語は、何でしょうか。言葉が生まれて広く使われるようになった瞬間《しゅんかん》を決めるのはとてもむずかしいのですが、私《わたし》は、「もふもふ」がその候補《こうほ》ではないかと思います。動物やぬいぐるみの毛が、たっぷりとあって、やわらかいさわり心地である様子をあらわす言葉ですね。

この「もふもふ」は、最近では一部の辞書《じしょ》にものっていますし、NHK《エヌエイチケー》の動物紹介《しょうかい》番組のタイトルにもなっていますが、ほんの少し前までは日本語にない言葉だったのです。意味が伝《つた》わりやすくて、短い間にこんなにたくさんの人に親しまれるようになるなんてすごい、と感心しています。

もふもふ？

ほかにもインターネットなどから新しい言葉がさがせたので、いくつかご紹介《しょうかい》します。「ふわとろ」「もちぷよ」「かりじゅわ」「がりばり」……。これらの言葉の共通点《きょうつうてん》が、わかるでしょうか。実は、これは全部、食べ物の食感をあらわす言葉なのです。「ふわふわ＋とろとろ」「もちもち＋ぷよぷよ」「かりかり＋じゅわ」など、全部、もともとあった二つの擬音語《ぎおんご》・擬態語《ぎたいご》を組み合わせた、「ピカチュウ」式にできた言葉です。自分でも食感を組み合わせた新しい語や、それにふさわしい食べ物を見つけてみるのも楽しいですね。

第三章

使ってみよう！　くらべてみよう！

1　似《に》ている擬《ぎ》音《おん》語《ご》・擬《ぎ》態《たい》語《ご》の使い分け

外国人に質問《しつもん》されたら、どのように説明《せつめい》しますか

私《わたし》の仕事は、「日本語教師《きょうし》」です。日本に来て日本語を勉強している外国人の大学生たちに日本語を教える仕事です。外国の人たちから、日本語のわかりにくいところについて聞かれることがよくあるのですが、特《とく》に質問が多いのが、「漢字」、「敬語《けいご》」、そして「擬音語・擬態語」の三つについてです。

日本人にとっても、漢字や敬語をおぼえて正しく使うのは大変《たいへん》なことです。でも、みなさんはふだん、「擬音語・擬態語の意味や使い方をおぼえるのは、むずかしいなぁ」なんて考えたことはないのではないでしょうか。擬音語・擬態語は、日本語を赤ちゃんの時から話している私たちにとっては、教えてもらわなくてもいつの間にかわかるようになっているものだからです。

ところが、大人になってから日本語の勉強を始めた外国人にとって、擬音語・擬態語は、本当にやっかいな存在《そんざい》なのです。

「擬音語・擬態語は、音と意味とのつながりが強い言葉だから、日本語を聞いたことがない外国人でも、何となく意味がわかるものが多い」という意見もあるのですが、私はそうは思いません。前に、日本人の大学生と外国から日本語を勉強しに来ている留学生《りゅうがくせい》（外国人の学生）の、それぞれ百人ずつに、次の問題を出してみました。

〔問題〕「激《はげ》しい風が（　　　）ふいてきました。」

（　）に合う一般的《いっぱんてき》な言葉を、次の①〜④から選《えら》んで入れてください。

①「びゅーびゅー」②「びくびく」③「ぴよぴよ」④「ぴかぴか」

その結果《けっか》、日本人の学生は、百人全員が、①の「びゅーびゅー」を選びました。それに対して、留学生百人の答えは、本当にばらばらだったのです。

中には、「ぜんぜんわかりません。こんなに似《に》てるのにどうして日本人はちがいがわかるんですか」とあきらめてしまった人も何人かいたのでした。外国の人にとっては、擬音語《ぎおんご》・擬態語《ぎたいご》の使い方を理解《りかい》することがむずかしいのだなぁと実感した瞬間《しゅんかん》でした。

外国人が受ける日本語の試験《しけん》があるのですが、一番むずかしいレベルの試験を見ると、「法律《ほうりつ》を施行《しこう》する」「臆病《おくびょう》な性格《せいかく》」「契約《けいやく》を破棄《はき》する」などという、とてもむずかしい漢字を使った言葉の意味を答える問題にまじって、「この洋服はサイズがぴったりだ」「日曜日なのに店はがらがらだった」「全部の問題をすらすらとく」などの擬音語・擬態語の意味を答える問題が、いっしょにならんでいます。このことからも、外国の人にとっては、複雑《ふくざつ》な漢字を使った言葉と同じくらいむずかしいということがわかります。

では、外国の人たちにとって、擬音語・擬態語がこんなにむずかしく感じられるのは、どうしてでしょうか。

ぴったり
がらがら
すらすら

理由の一つ目は、まず、9ページでも紹介《しょうかい》したとおり、日本語の擬音語《ぎおんご》・擬態語《ぎたいご》は、数がとても多いということです。生活の中で自然《しぜん》におぼえていくのならいいのですが、「勉強」として五千個《こ》も言葉をおぼえようと思ったら、本当に大変《たいへん》ですよね。

二つ目は、擬音語・擬態語は、感じ方に左右される言葉なので、自然に言葉が育つ子どものうちでないと、頭にとけ込《こ》みにくいということです。日本人の場合は、赤ちゃんの時から、まわりの大人たちの語りかけや絵本の中などの擬音語・擬態語を耳にして、いつの間にかその感覚《かんかく》がしみ込んでいます。しかし、大人になってから、りくつを考えて勉強しようと思っても、やはりなかなかむずかしいのです。

そして、三つ目の理由は、擬音語・擬態語には、似《に》ている形の言葉がたくさんあって、しかもそのルールがよくわからない、ということです。たとえば「にこにこ」「にやにや」「にまにま」「にたにた」という言葉があります。

二文字目がちがうだけなのに、ちょっとずつ意味がちがうのです。「うずうず」と「むずむず」、「こそこそ」と「ひそひそ」のように、一文字目の方がちがう組み合わせもたくさんあります。こんなに種類《しゅるい》の多い言葉をどうやっておぼえればいいのか、考えるだけで大変そうですよね。後でくわしく説明《せつめい》しますが、「ふらふら」と「ぶらぶら」、「かくかく」と「がくがく」のような組み合わせも、意味のちがいがわかりにくいそうです。

ここまで見てきて、外国の人にとって、擬音語・擬態語のむずかしさがわかったのではないでしょうか。

それでも、たくさんの外国人たちが、「毎日聞く言葉で便利《べんり》だから」「日本人っぽい話し方がしたいから」「音がかわいいから」と、擬音語・擬態語をがんばって勉強しています。

辞書《じしょ》で説明《せつめい》するのは、とてもむずかしいのです

言葉の意味を調べる時に役に立つのが辞書です。みなさんも使うことがあるでしょう。その辞書に擬音語《ぎおんご》・擬態語《ぎたいご》がどれくらいのっているかを見てみると、おもしろいことがわかります。それは、辞書では擬音語・擬態語はあまり説明されていない、ということです。

第一章で、日本語には擬音語・擬態語の数が五千個《こ》くらいあるという話をしましたが、辞書にのっている言葉はその十分の一くらいといわれています。「どきどき」「びっくり」など、よく使われる言葉はのっていますが、うがいをする音の「くちゅくちゅ」や、傷《きず》の様子をあらわす「じゅくじゅく」なども、辞書にはのりにくい言葉です。また、のってはいても、たとえば「ちゃん（と）」という語の説明に、「態度《たいど》がしっかりしている様子」と、べつの擬音語・擬態語が使われていたり、類義語《るいぎご》（意味の似《に》ている言葉）として、「しっかり」「しゃん（と）」と書いてあって、それらのちがいが説明されていなかっ

たりして、何だかわかりにくいのです。

擬音語・擬態語だけを選《えら》んで作った辞書も六種類《しゅるい》くらいありますが、それでも、その六種類の辞書を調べると、そのうちたった一つにしかのっていない語が六一三語もあることがわかりました。つまり、擬音語・擬態語は、いろいろな辞書に共通《きょうつう》して説明されている語がすごく少ないのです。この理由として、「擬音語・擬態語は、どんどん新しい語が作られていくので、どれを選んだらいいのかわからない」ことや、「感じ方が大切な言葉なので、文字で説明しにくい」ことがあげられます。また、さきほども書いたとおり、「日本語を赤ちゃんの時から聞いていれば、自然《しぜん》に使えるようになっていくものだから、わざわざのせなくてもよい」という考えの人も多いのです。

辞書と擬音語・擬態語は、あいしょうがあまりよくないということがわかりますね。

「あっさり」と「さっぱり」――似《に》ているけれどたしかにちがう

擬音語《ぎおんご》・擬態語《ぎたいご》の意味や使い方を言葉で説明《せつめい》するのはむずかしい、というお話をしました。特《とく》にむずかしいのが、似ている言葉のちがいを説明する方《ほう》法《ほう》です。

似ている擬音語・擬態語の組み合わせは、たくさんあります。たとえば「どきどき」と「はらはら」、「ごくごく」と「がぶがぶ」、「つるつる」と「すべすべ」など、いくらでも見つかります。

その中でも、外国人から質問《しつもん》されることが多い組み合わせの一つが、「あっさり」と「さっぱり」です。

「あっさりしたスープ」と「さっぱりしたスープ」のように、どちらも「味つけのうすい様子」などをあらわす言葉です。みなさんは、「あっさりした物が食べたい」、あるいは「さっぱりした物が食べたい」と言う時、どんなものが食べたいと思って言っていますか。

この二つの言葉のちがいについて、考えてみましょう。

こういう似ている語どうしのちがいをさがす時は、「どちらかは使うことができるけれど、もうかた方は使えないもの」をさがすとわかりやすいです。

まず「あっさり」、「さっぱり」のどちらも使えるものには、さきほどのスープ、野菜《やさい》や魚などのいろいろなお料理《りょうり》、つけ物などがあります。味つけのうすいラーメンなどにも使えそうです。

では今度は、「さっぱり」は使えるけれど「あっさり」は使いにくいというものを考えていましょう。「さっぱり」によく使うのは、お酢《す》やレモン、ミントを使った食べ物などです。グレープフルーツやスイカなどのくだもの、ヨーグルトも「さっぱり」ですね。サイダーなど、炭酸《たんさん》の入った飲み物にもよく使います。しかし、これらの食べ物や飲み物に「あっさり」を使うのはちょっと変《へん》です。

どうやら、「さっぱり」は使えて、「あっさり」は使いにくい食べ物や飲み物に、二つのちがいを決めるヒントがありそうです。ではどこがちがうかというと、レモン、炭酸《たんさん》、ミントなどの「さっぱり」だけが使える物は、食べた後に口の中や気持ちにさわやかさがのこる物なのです。それに対して、「あっさり」は「浅《あさ》い」と関係《かんけい》がある言葉で、うすい味そのものだけをあらわします。だから、ただ「うすい味」をあらわす時には「あっさり」と「さっぱり」のどちらも使えますが、それを食べた後にさわやかな気分が続《つづ》くような食べ物・飲み物については、「さっぱり」しか使うことができないのです。「このサイダーを飲んだらさっぱりしますよ」と言うことはできますが、「このサイダーを飲んだらあっさりしますよ」と言えないのは、「さっぱり」が飲んだ後の気分をあらわしているからなのですね。

このように、似《に》ている言葉の組み合わせについては、「この時は両方使えるけれど、この時はどちらかしか使えないな」ということをていねいに見ていかなければならないのです。

「きらきら」と「ぎらぎら」――濁点《だくてん》（゛）がついただけで

擬音語《ぎおんご》・擬態語《ぎたいご》には、濁点（゛）がついていない語とついている語の組み合わせがたくさんあります。「そわそわ」と「ぞわぞわ」、「くるくる」と「ぐるぐる」、「しっとり」と「じっとり」。中には、「ほろほろ」「ぼろぼろ」「ぽろぽろ」のように三つの語がセットになっているものもあるのです。

ここでは、「きらきら」と「ぎらぎら」を例《れい》に、濁点（゛）がついていない語とついている語のちがいを考えてみることにしましょう。「きらきら」と「ぎらぎら」は、どちらも「光っている」様子をあらわしますね。

「花子ちゃんは目がきらきらしている」「きらきらした宝石《ほうせき》」
「花子ちゃんは目がぎらぎらしている」「ぎらぎらした宝石」

どちらも「光っている」という意味で使えます。でも、受ける印象《いんしょう》はかなりちがいます。「目がきらきら」と言われるのはうれしいですが、「ぎらぎら」と言われるとほめられた気はしません。その理由が「濁点（゛）」なのです。濁点（゛）がついていない語とついている語の組み合わせの場合、ついていない音（「清音」といいます）は「弱い・軽い・高い・きれい・すんでいる・プラス」の印象になって、濁点がついていると「強い・重い・低《ひく》い・きたない・にごっている・マイナス」の印象になるのです。だから、「目がきらきら」「きらきらした宝石」は、「きれいで、すんでいる」感じでよい印象になり、反対に「ぎらぎら」は、「にごっていて、きたない」ので、あまりよくない印象だというわけです。

ほかの組み合わせでも、同じように考えることができます。

ちなみに、「ぱぴぷぺぽ」のように「゜」がつく音（「半濁音《はんだくおん》」といいます）は、「かわいらしい・軽い」意味になりやすいです。「はらはら」「ばらばら」「ぱらぱら」など、組み合わせを考えて、たしかめてみてくださいね。

2　身近で使われているもの

活やくしている場所をさがそう

第一章で少し話しましたが、擬音語《ぎおんご》・擬態語《ぎたいご》は、私《わたし》たちの生活の中のいろいろなところで活やくしています。ここでは、身近にある擬音語・擬態をさがしてみましょう。

あの商品の名前って、実は……

擬音語・擬態語は、たった数文字の短い音でぱっとイメージが伝《つた》わり、音の印象《いんしょう》も強いという特《とく》ちょうがあります。しかも親しみやすくて頭にのこりやすいので、物の名前に使うのにぴったりです。

「擬音語・擬態語の名前をつけると売れる、ロングセラーになる」

なんていう人もいるくらいです。実際《じっさい》に見てみれば、それが本当かどうかすぐにわかりますね。どんどんならべてみましょう。

「クー（Ｑｏｏ）」「ガリガリ君」「ポッキー」「プッチンプリン」「カプリコ」「パックンチョ」「ぽたぽた焼《やき》」「オー・ザック」「じっくりコトコト煮込《にこ》んだスープ」「ごきぶりホイホイ」「キュキュット」「冷《ひ》えピタ」「クルトガ」など、いくらでも出てきます。よく知られている商品が本当に多いですね。それぞれどんな商品か、わかるでしょうか。

「クー（Ｑｏｏ）」は、飲み物です。飲んだことがある人も、多いかもしれません。大人がお酒を飲んだ後などに発する「クーッ」という声からつけられた名前で、一九九九年に発売されると同時に、「Ｑｏｏ」というかわいらしいキャラクターが出てくる「飲んだら、こう言っちゃうよ、『クーッ』」というＣＭで、大ヒット飲料《いんりょう》となりました。

「ガリガリ君」「ポッキー」「プッチンプリン」「カプリコ」「パックンチョ」「ぽたぽた焼《やき》」「オー・ザック」は、すべてお菓子《かし》の名前です。「プッチンプリン」は容器《ようき》を開ける時の音で、「ぽたぽた焼」は、せんべいがあまからいおしょう油をぽたぽたたらしながら焼《や》かれている様子、ほかは食べる時の音がもとになっています。

ここで紹介《しょうかい》するもの以外《いがい》にも、お菓子には、擬音語《ぎおんご》・擬態語《ぎたいご》からつけられた名前のものがあふれています。お菓子は子どもから大人まで親しまれる存《そん》在《ざい》ですから、できるだけ「感じ」が伝《つた》わりやすく、頭にのこりやすい名前がいい、ということかもしれません。実際《じっさい》に、一九七〇年代に発売された「プッチンプリン」、一九八一年発売の「ガリガリ君」など、みなさんが生まれるずっと前からある、大ヒット商品がたくさんあります。

「じっくりコトコト煮込《にこ》んだスープ」は、何の名前なのかを自分から発表していますね。商品の名前としてはめずらしいくらいに長くて、「じっくり」

と「コトコト」の二つも擬態語が入っています。一九九六年の発売当初《とうしょ》、テレビCM《シーエム》で見た時には、名前の長さにびっくりしたのですが、そのために頭にのこってしまった人も多いようで、あっという間に有名商品になりました。

食べ物以外の商品にも、擬音語・擬態語はたくさん使われています。「ごきぶりホイホイ」は、「擬音語・擬態語名前界」の王様のような存在感です。「かんたんに取れそう」と一瞬《いっしゅん》で印象《いんしょう》にのこりますよね。害虫《がいちゅう》を取るほかの商品の名前は知らないという人でも、この「ごきぶりホイホイ」だけは知っているのではないでしょうか。一九七三年に発売されたロングセラーです。

現在《げんざい》も、擬音語・擬態語をもとにした名前の商品は、どんどん発売されています。ぜひ見つけてみてください。

広告《こうこく》は擬音語《ぎおんご》・擬態語《ぎたいご》の宝庫《ほうこ》

商品名だけではなく、商品を売るための広告でも、擬音語・擬態語の力ははっきされています。短い時間で強く印象《いんしょう》をアピールしたい広告の言葉には、擬音語・擬態語の力が欠《か》かせないのです。第二次世界大戦《たいせん》の前、「スモカ」という歯みがき粉《こ》の新聞広告で、「ムハハハハハ」などの擬音語・擬態語を使った広告文（キャッチコピー）が流行して以来《いらい》、本当にたくさん使われてきました。特《とく》にテレビCM《シーエム》からは、擬音語・擬態語を使った流行の言葉がたくさん生まれました。

「ピッカピカの一年生」という雑誌《ざっし》のCMは、一九七八年に始まり、今でも同じキャッチコピーが使われています。そのほか、炭酸飲料《たんさんいんりょう》の「スカッとさわやか」も息の長いコピーです。また、トヨタの車のCMキャッチコピー「変《か》われるって、ドキドキ」、なども、長い間使われていました。

これらはどれも、決して変《か》わった擬音語・擬態語を使っているわけではありません。でも、だからこそ、一時的な大流行に終わらず、長い間あきられることなく使われ続《つづ》けてきたのでしょう。

反対に、インパクトが強い語はあきられるのも早いです。一気に知れわたる分、ブームが過《す》ぎると、「時代おくれ！」と言われてしまうことがあります。そして、いつの間にか、使われなくなるのです。

絵本や小説《しょうせつ》の中にも

絵本や小説の中でも、もちろん擬音語・擬態語はたくさん使われています。26ページでご紹介《しょうかい》したとおり、擬音語・擬態語をたくさん使いたい作家もいれば、あまり使わないようにしようとしている人もいます。それでも、やはり擬音語・擬態語は、本を書く時には欠かせないので、どんなお話でも、必《かなら》ずといってよいほど、擬音語・擬態語が何個《こ》も見つかります。

国語の教科書にのっているお話の中でもたくさんの語が見つかりますので、ぜひ、さがしてみてください。たとえば、四年生の教科書の一つ（光村図書出版《しゅっぱん》）にのっている「白いぼうし」（あまんきみこ作）というお話を開くと、十ページほどのお話の中に、「にこにこ」「はっ（と）」「ちょこん（と）」「ふわっ（と）」「ひらひら」「じろじろ」「がっかり」「ぐいぐい」「せかせか」「みるみる」「そうっ（と）」「ぽかっ（と）」「ふふふっ」という擬音語《ぎおんご》・擬態語《ぎたいご》が見つかります。これらの、使われている擬音語・擬態語だけを集めてながめていても、どんなお話なのか、中身まで想像《そうぞう》できるような気がしませんか。

教科書よりも、もっと擬音語・擬態語が目立つのが、赤ちゃんや小さい子どものための絵本です。まだ字が読めないうちは、おうちの人が読んでくれていましたね。擬音語・擬態語はひびきが感覚的《かんかくてき》なので、赤ちゃんにも伝《つた》わりやすいようです。意味がわからなくても、擬音語・擬態語が聞こえると、笑《わら》う赤ちゃんもいるそうですから、ふしぎです。

絵本の中には、ほとんど擬音語《ぎおんご》・擬態語《ぎたいご》だけで作られているものだってあるのです。赤ちゃん用の『じゃあじゃあびりびり』（まついのりこ作・絵、偕成社《かいせいしゃ》）や、もう少し大きい子ども向けの『まばたき』（穂村弘《ほむらひろし》作／酒井駒子《さかいこまこ》絵、岩崎書店《いわさきしょてん》）などが、その例《れい》です。それから、『すなばばば』（鈴木《すずき》のりたけ作・絵、ＰＨＰ《ピーエイチピー》研究所）のように、「砂場《すなば》」と「ばばば」という言葉がくっついて、リズムよく何回もくりかえされる絵本も、大ヒットしました。

二〇一七年には、『えがないえほん』（Ｂ・Ｊ・ノヴァク作／おおともたけし訳《やく》、早川書房《しょぼう》）という絵本が話題になりました。この絵本は、絵がなく、いきなり「ぶりぶりぶ〜！」なんて音を出させて、子どもたちを大笑《わら》いさせる本です。もともとはアメリカの絵本で、そちらにはもちろん、英語《えいご》の擬音語・擬態語がのっています。

ほかにも、絵本には、辞書《じしょ》にのっているような一般的《いっぱんてき》な語から、作家のオリジナルのめずらしい語まで、おもしろい擬音語・擬態語がいっぱいです。

赤ちゃんから大人まで、私《わたし》たちは、本を通して自然《しぜん》にたくさんの擬音語・擬態語にふれることができます。みなさんも、絵本から大人の本まで、いろいろと読書にちょうせんして、言葉さがしを楽しんでくださいね。

雑誌《ざっし》を開くと

雑誌、と一言で言っても、その種類《しゅるい》はさまざまです。料理《りょうり》、ファッション、ゲーム、スポーツなど、種類や話題によって、好《この》まれる擬音語・擬態語は変《か》わってきます。ここでは、いくつかについて、かんたんにお話しします。

今、ためしに、手元にあるいろいろな雑誌の最新号《さいしんごう》を四十冊《さつ》調べてみました。擬音語・擬態語がたくさん使われているのは、「料理」「スポーツ」「お出かけ」「ファッション」「健康《けんこう》」などの雑誌、そして反対に、あまり使われていないのは、「ビジネス」「テレビ番組などのエンターテインメント」「歴《れき》史《し》」などの雑誌であることがわかりました。

ここでは、もっとも擬音語《ぎおんご》・擬態語《ぎたいご》の数が多かった料理雑誌《りょうりざっし》から、二つのレシピを選《えら》んで、使われている語を拾ってみます。例《れい》として選んだのは、『きょうの料理』（NHK出版《エヌエイチケーしゅっぱん》）という雑誌の二〇一八年六月号です。

まず「いわしの赤じそ煮《に》」のレシピには、「さっぱり」「とろ火でじっくり煮る」「水でサッと洗《あら》う」「ユラユラと煮えるくらいの弱火」という語が、そして「チキンソテー」のレシピには、「皮側《かわがわ》をじっくり、こんがりと焼《や》く」「さっぱりとしたねぎ塩《しお》だれ」「肉がべチャッとしないように」「皮側をカリッと焼いてから」という語が使われていました。擬音語・擬態語のおかげでイメージがうまく伝《つた》わり、わかりやすいレシピになっていますね。ほかのレシピでも、擬音語・擬態語が豊富《ほうふ》に使われています。

料理の作り方では、擬音語・擬態語が重要《じゅうよう》になっていることがわかります。料理の雑誌を読んでいるとおなかがすいてくることがありますが、それも、イメージを強く伝える擬音語・擬態語が使われているからかもしれませんね。

とろ火でじっくり
サッと洗う
カリッと焼く

そして、こんなところでも活やくしています

ここまで、擬音語《ぎおんご》・擬態語《ぎたいご》がたくさん使われている場所の例《れい》を、いろいろと見てきました。最後《さいご》に、ふだんは気がつきにくい「活やく場所」をご紹介《しょうかい》したいと思います。

次のページの写真が、何だかわかりますか。

正解《せいかい》は、洗濯機《せんたくき》の取扱説明書《とりあつかいせつめいしょ》です。その中の「お困《こま》りのとき」のまるまる一ページが、このように擬音語に注目したページになっているのです。

たしかに、電化製品《せいひん》を使っていると、「何か変《へん》な音がする……大丈夫《だいじょうぶ》かなぁ」ということがありますよね。そんな時に、トラブル解決法《かいけつほう》を文字でさがすよりも、聞こえた音の擬音語をもとにして原因《げんいん》をさがすことができれば、かんたんですしわかりやすいですね。これも擬音語・擬態語がパッと意味を伝《つた》え、共感《きょうかん》しやすい言葉だからこそできることなのです。ふだんはあまり気にしない、こんなところにも、擬音語・擬態語は使われているのですね。

お困りのとき　つづき

こんな音がしたとき

次のような場合に発生する音は、故障ではありません。

音 マークの音は、ホームページからサンプル音が試聴できます。(音は水道水圧、洗濯物の量、本体の設置環境などにより異なります)

2018_bwd

こんな音がしたときは		音の原因（故障ではありません）	
洗濯運転しているとき	ジュジュ	給水中の音です。 ・給水圧が高いと、音が大きくなる場合があります。 水栓(蛇口)を少ししぼって給水量を調節してください。	音
	カチッ・カツカツ	洗い運転と、すすぎ前の脱水運転とを切り替えるときの音です。	音
	ピー	モーターの運転音です。 ・脱水のとき、洗濯・脱水槽が回転する速度は段階的に速くなるため、回転速度が上がると、音が大きくなることがあります。	音
	ブーン	コントロール基板を冷却している音です。	音
	ポコポコ	配管内の空気が動いている音です。	−
	シャー・シュワシュワ	泡が多量に発生したとき、泡消しのために水を流している音です。	−
		脱水運転中に「自動おそうじ」が作動している音です。	音
乾燥運転しているとき	ピー	かくはん翼を回すモーターの運転音です。	−
	ブォー	温風を吹き出すときのファンの運転音です。 ・乾燥運転中に一時的に大きくなることがあります。 ・乾燥運転終了後、ファンの運転を止めるときにも音がします。	音
	ポコポコ	配管内の空気が動いている音です。	−
お湯取運転しているとき	ウィーン	風呂水が吸水されるときの、風呂水ポンプの運転音です。 ・風呂水の吸水が始まったとき、風呂水がなくなったとき、正しく風呂水吸水されなくなったときに、風呂水ポンプの運転音が大きくなることがあります。	音
	ポコ・ポコ	風呂水が吸水されるときに、風呂水ポンプ内の空気が動いている音です。	音

資料提供：日立アプライアンス株式会社

3　どんどん使ってみよう

どんな言葉が入るか、当てられるかな

ここからは、みなさんに擬音語《ぎおんご》・擬態語選《ぎたいごえら》びや、新しい擬音語・擬態語作りにちょうせんしてもらいたいと思います。

まずは、マンガを使った練習です。次は『ブラックジャックによろしく』(佐藤秀峰著《さとうしゅうほうちょ》)というマンガの一場面です。絵の様子を見て、たとえばどんな擬音語・擬態語が①〜④の場面に合うかを考えて、入れてみてください。ぜったいに正しいという正解《せいかい》はありませんので、自由に考えてみましょう。

②は一番むずかしいかもしれません。子どもたちが親から言われている言葉をヒントにして考えてみてください。

『ブラックジャックによろしく』佐藤秀峰

いかがでしたか。では、見ていきましょう。

①のマンガの絵に作者が使ったのは、「トン　トン　トン」です。切られたものを見てください。どれも同じ大きさで、みだれもなく切られています。同じリズムで軽快《けいかい》に切っている「トントン」という音がぴったりですね。

②は「ボー」です。親のせりふからは、「急がせよう」として少しいらいらしている気持ちが伝《つた》わってくるようです。子どもが動こうとせず、「ボー」っとしているからですね。「ジー」もあり得《え》るのですが、それですとテレビの内容《ないよう》を真剣《しんけん》に見ている感じとなります。「ボー」の方が、何も考えずに画面に向かって座《すわ》っているように見えて、親はいらいらが増《ま》しそうですね。

③は「こっくり　こっくり」です。ねる様子をあらわす擬音語《ぎおんご》・擬態語《ぎたいご》には、「ぐっすり」や「すやすや」、「うとうと」、いびきをかく「ごーごー」などいくつもありますが、ここでは、座ったままついねてしまい、首が前後に

ゆれてしまっている様子が、「こっくり　こっくり」であらわされています。ちなみに、同じマンガのべつのコマでは、同じように座ったままねむっている様子でも、首をかべにつけたまま動かないでぐっすりねている場面で、「すぴー」という言葉が入っていました。ほんの少しのちがいでも、擬音語・擬態語の使われ方に特《とく》ちょうが出ているので、おもしろいのです。

そして、④は「ひくっ　ひくっ」です。女の人の絵を見ただけではむずかしいですね。ポイントは、まわりにえがかれている点線です。これはふるえている様子です。ここから、ねているのではなく、顔をふせて何かをしているということがわかるのです。「ひくっ　ひくっ」と擬音語・擬態語を入れることで、しゃくりあげて長い間泣《な》き続《つづ》けている様子なのだとわかる場面です。

このように、マンガには、たくさんの擬音語・擬態語が使われています。おもしろい表現《ひょうげん》も多いので、さがしてみてくださいね。

作文をいきいきさせる

作文の中での擬音語《ぎおんご》・擬態語《ぎたいご》の使い方についても見てみましょう。擬音語・擬態語には、効果的《こうかてき》に使うことで、作文をいきいきさせる力もあります。

たとえば、「誕生日《たんじょうび》に一輪車《いちりんしゃ》を買ってもらって、何回か練習した結果《けっか》、きのうはじめて乗ることができた」という内容《ないよう》で作文を書くとします。うれしかった気持ちや乗った時の様子を、読む人にいきいきと伝《つた》えたいですよね。

そんな時には、「気持ちの擬態語」と、「五感の擬音語・擬態語」をいろいろと使ってみましょう。「気持ちの擬態語」は、「楽しい」「うれしい」「つかれた」「苦しい」「安心した」などの心の中をあらわすものです。たとえば、「日曜日のたびに、くたくたになるまで練習しました。何回もたおれて、時には『どうしてできないんだ！』といらいらしてしまったこともありました。でも、買ってくれたお母さんのはらはらしている顔を見ると、何とか成功《せいこう》したい、と強く思いました。」

「はじめて乗れた時にはわくわくして、今でも胸《むね》がじーんとしています。」

このように、気持ちの擬態語を使うと、心の中の動きをくわしく伝えることができます。また、「五感の擬音語・擬態語」とは、「視覚《しかく》（見た感じ）」「聴覚《ちょうかく》（聞こえる感じ）」「嗅覚《きゅうかく》（においをかいだ感じ）」「味覚《みかく》（食べた感じ）」「触覚《しょっかく》（さわった感じ）」を伝える語です。さきほどの例《れい》に、さらに加《くわ》えてみましょう。

「日曜日のたびに、くたくたになるまで練習しました。何回も地面にたおれてしまい、じゃりじゃりした砂《すな》が口に入ったり、服や手が全部ざらざらしてしまったりしました。時には『どうしてできないんだ！』といらいらしてしまったこともありました。でも、買ってくれたお母さんのはらはらしている顔がちらっと見えて、何とか成功《せいこう》したい、と強く思いました。」

「顔に気持ちのいい風がさーっとあたり、梅《うめ》の香《かお》りが、風にのってぷーんと感じられました。『やった！　乗れたんだ』と前を見て風をきりました。その時のわくわくした気持ちが忘《わす》れられず、今でも胸《むね》がじーんとしています。」

いかがですか。様子を具体的《ぐたいてき》に伝《つた》えることができますね。ただ「うれしい」気持ち一つを伝えるのにも、「うきうき」「わくわく」「そわそわ」「ほっ（と）」「きゅんきゅん」「にこにこ」など、多くの言葉が考えられます。いろいろな言葉を使って、読む人がその場面にいた気持ちになれるような、いきいきとした作文を書いてくださいね。

自分だけの擬音語《ぎおんご》・擬態語《ぎたいご》を作ってみよう

最後《さいご》は、自分で新しい擬音語・擬態語を作る練習です。てきとうな音と音とを、今、存在《そんざい》していない語の形に組み合わせて、どういう意味が合いそうか、考えてみてください。

たとえば、「けもけも」「すろすろ」「かとかと」「にっきり」「ぺっかり」など。どんな意味だと思いますか。正解《せいかい》はありません。みなさんが持っている音の感覚《かんかく》や、似《に》ていると思う語の意味をヒントにして、自由に考えてみてくださいね。

それから、今まで見たことのないめずらしい生き物や、変《へん》な形の物を見たら、その見た目の様子やさわった感じ、動く音などを予想《よそう》して、自分だけの擬音語・擬態語を使って説明《せつめい》してみるのも、言葉の感覚をみがく方法《ほうほう》です。いろいろとためしてみてください。

第四章

言葉は生きている

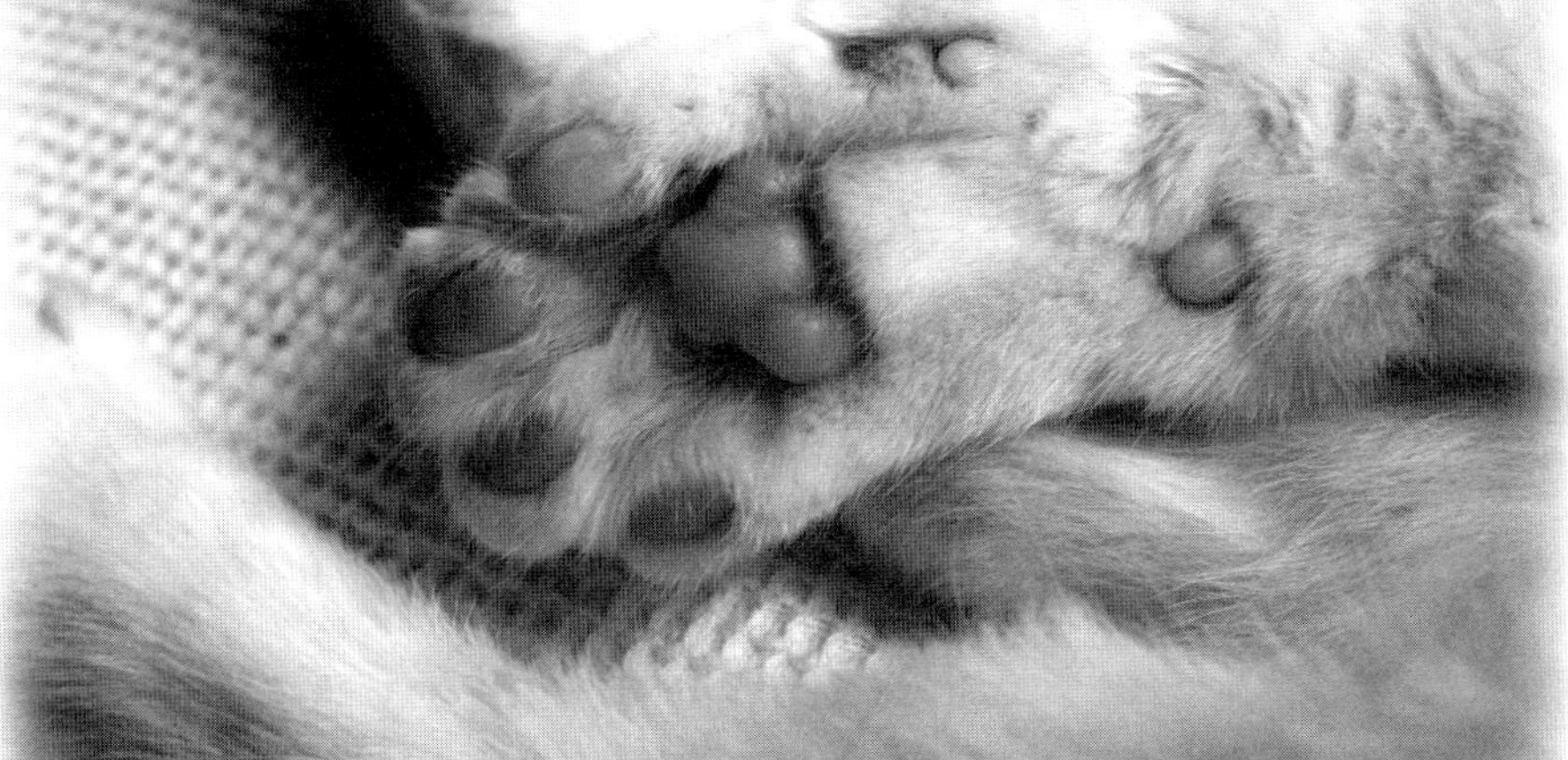

1　未来《みらい》の日本語が見えてくる？

擬音語《ぎおんご》・擬態語《ぎたいご》にはふしぎな力があります

ここまで、いろいろな面から擬音語・擬態語をながめてきました。そこから、擬音語・擬態語の中には昔から今までずっと同じ意味で使われている語もあれば、短い間に流行語となって使われなくなった語、そして、だれかが自分で作った語など、いろいろなタイプの語があって、それぞれ多くの場面で活やくしていることがわかりました。

時代や場所とともに変化《へんか》する擬音語・擬態語は、13ページでも話したとおり、その時代ごとの文化や様子をうつす鏡《かがみ》のような力を持っています。

そしてまた、擬音語・擬態語は、言葉を新しく広げる力も持っています。

たとえば、昔、「ゆらゆら」から「ゆらめく」、「きらきら」から「きらめく」など、動きをあらわす言葉が多く生まれました。そして、「ひよひよ」と鳴く声に小ささをあらわす「こ」をつけて「ひよこ」となったり、「はたはた」ゆれるから「旗《はた》」とよばれるようになったりするなど、擬音語・擬態語がもとになって、物の名前がついたものもあります。また、「ごろごろ」＋「ねる」で「ごろね」、「おなか（腹《はら》）」＋「ぺこぺこ」で「腹ぺこ」のように、ほかの語と結《むす》びついて言葉を作ることだってあります。

さらに、数は少ないですが、何と、漢字を作ることもあるのです。「ぶんぶん」音をたてる虫は何だと思いますか。正解《せいかい》は、「蚊《か》」です。「文（ぶん）」と音をたてる「虫」だから、「虫偏《へん》」に「文」を合わせて「蚊」というわけですね。ほかにも、「がー」と鳴く音に漢字「牙《が》」をあてて鳥と合わせて「鴉《からす》」、「九（くー）」と鳴く鳥は「鳩《はと》」なども、実は、擬音語・擬態語から生まれた書き方だともいわれています。

その時代の文化や様子がうつされていて、しかも新しい言葉を広げて増《ふ》やしていくなんて、すごいですよね。このような力を持つ擬音語《ぎおんご》・擬態語《ぎたいご》を見てみると、現在《げんざい》や少しさきの日本語の様子がうかんでくるといわれています。

そこで、ここでは擬音語・擬態語を通して、未来《みらい》の日本語はどうなっていくかについて少し考えてみることにしましょう。

文化をうつす言葉

さきほどもお話ししたように、擬音語・擬態語は、時代や地域《ちいき》の文化や様子をうつす言葉です。その時代に新しい物や音が生まれると、私《わたし》たちは、それをぴったり合う擬音語・擬態語で何とかうまく表現《ひょうげん》しようとします。

動物の鳴き声についても同じです。擬音語・擬態語を研究している山口仲《なか》美《み》さんが書かれた『犬は「びよ」と鳴いていた』（光文社）という本に、動物の鳴き声をあらわす擬音語の変化《へんか》についてのっているのですが、そこには、昔のイヌの鳴き声は「びよ」とあらわされていたと書かれています。

これは、私たち人間の耳や言葉の仕組みが変《か》わったわけではなく、イヌと人との関係《かんけい》が変わって鳴き方そのものに変化が起こった、というのです。

昔のイヌは今のようなペットではなくて、野犬として人をおそうこともめずらしくなかったので、「ばう！　ばうばう！」とうなるような声でほえていたようです。その声を、昔の人は、「びよびよ！」とあらわしたのですね。

そう考えると、新しい物の登場だけではなく、人と動物たちとの関係《かんけい》の変《へん》化《か》によっても、今後、擬《ぎ》音《おん》語《ご》・擬《ぎ》態《たい》語《ご》が変《か》わっていくかもしれません。

こうした動物に関《かか》わることで、私《わたし》が最《さい》近《きん》興《きょう》味《み》深く思っている例《れい》は、「ブンチョウ」や「フェレット」などの鳴き方です。「ブンチョウ」や「フェレット」の鳴き声を何とあらわすかは、これまでの擬音語・擬態語辞《じ》典《てん》を見てものっていません。けれど、インターネットや動物飼《し》育《いく》の本を見ると、ブンチョウは「きゅー」「ぴっ」など、フェレットは「くっくっく」「しゅーしゅー」など、あるていど決まったあらわされ方があるようです。

近年、ブンチョウやフェレットがペットとして人気のようです。彼《かれ》らが身近な存《そん》在《ざい》になったり、人間に対して安心した鳴き方を聞かせるようになったりしてきたので、鳴き声をあらわす語が生まれてきたのでしょう。

このさき、どんな動物の鳴き声が擬音語となって定着するのか楽しみです。

ブンチョウ

フェレット

新しい音が増《ふ》えていくかもしれません

日本語に昔からある言葉には、単語《たんご》を作る時の「音」についてのルールがいくつもありました。たとえば、単語の一文字目の「音」について、「濁音《だくおん》（「゛」がつく音）」と「半濁音《はんだくおん》（「゜」がつく音）」、そして「ラ行の音（ら・り・る・れ・ろ）」は来ない、という決まりがあったのです。

それを聞くと、少しふしぎに思いませんか。「がっこう」「げんき」「びょういん」などはじめに「゛」がついている語や、「パン」「ページ」「ポイント」のように「゜」がついている語、そして「りす」「りんご」「れいぞうこ」のように「ラ行」から始まっている語もたくさんある気がしますよね。しかし、実は、こういった言葉は、昔からある日本語ではなくて、中国やほかの外国から日本に入ってきて、後から使われるようになったものなのです。

ところが、擬音語《ぎおんご》・擬態語《ぎたいご》だけは、昔からこのルールを守らず、比較的《ひかくてき》自由に言葉を作っていました。「ざらざら」「ぎろぎろ」「ぱたん」「ぽつぽつ」など、「゛」「゜」から始まる語も、昔から多く使われていたのです。「ラ行」から始まる言葉は少ないですが、「りんりん」などがあります。

ここでは単語の一文字目の音を例《れい》として紹介《しょうかい》しましたが、このように、擬音語・擬態語は、「音」の使用についてのルールが、ほかの言葉にくらべてずっとゆるいのです。特別《とくべつ》あつかいがゆるされているというわけです。

このように、「ルールにしばられにくい」という特《とく》ちょうは、現在《げんざい》でも生きていて、それまでなかった新しい「音」を取り入れる時にはっきされます。

みなさんは、「ティ」「ドゥ」「ヴィ」「ツェ」などの音を使っていますか。これらの音は、少し前までは日本語にないものでした。たとえば、前は、「ディズニーランド」を「デズニーランド」、「ティッシュ」を「テッシュ」

と言う人がたくさんいたのですが、それは、「ディ」「ティ」という音がもともとの日本語にはなく、うまく発音できなかったからです。こうした音は、今でも、基本的《きほんてき》に外国語を日本語の中で使う時にだけゆるされているもので、日本語の音としてはなかなか定着していかないのです。

ところが、擬音語《ぎおんご》・擬態語《ぎたいご》は、音のいろいろなルールから自由な言葉なので、こうした新しい音を取り入れて使っていくのも得意《とくい》です。

インターネットなどを見ると、「ばきばき」という語を、「つかれすぎて体がヴァキヴァキになった」のように新しい音を取り入れて強調《きょうちょう》したり、おおげさに笑《わら》っていることをあらわすために「ふぁっふぁっふぁ」と書いてみたり、新しい音が擬音語・擬態語に使われている様子を目にします。外国語ではないのに、こうした新しい音を使えるのも、擬音語・擬態語だからなのです。

このように、擬音語・擬態語は新しいものにびんかんで、日本語を未来《みらい》に引っぱっていく存在《そんざい》ともいえるのです。

ヴァキヴァキ
に なっちゃった……
ふあっ
ふあっふあ

2　言葉の世界を広げよう

私《わたし》たちの世界は、無限《むげん》に言葉であらわすことができます

みなさんの目の前には、今どんなものが見えていますか。その様子をだれかに説明《せつめい》する時には、どういう言葉で説明すれば伝《つた》わりやすいでしょうか。

この質問《しつもん》への答えは、「自由」で「無限」です。見えているものの様子をほかのだれかに伝える言葉は、世界にいくらでもあって、みなさんはその中のどれだって自由に選《えら》んで使うことができるのです。正解《せいかい》というものはありません。好《す》きな言葉をできるだけ多く使って、自分が見たものや体験《たいけん》したことを、ほかの人にわかりやすく伝えられるようになれたら、いいですよね。

特《とく》に、擬音語《ぎおんご》・擬態語《ぎたいご》は、物の様子や音をくわしくあらわせる言葉が多く、ほかの人から共感《きょうかん》してもらいやすいので、何かをわかりやすく説明したり伝えたりしたい時にぴったりです。

たとえばネコ。ふわふわやわらかくて肉球《にくきゅう》がぷよぷよ。やわやわで、くねっと体をまげてぺろぺろ毛をなめる。「ふにゃー」と甘《あま》えて、リラックスしている時はのどをごろごろ……。いろいろなあらわし方ができますね。みなさんも、言葉をどんどん使って、できるだけたくさんのあらわし方をためしてみてほしいと思います。

「当たり前」をうたがおう

言葉を使って様子を伝《つた》える時に、大切なことがあります。それは、今、自分が見たり聞いたりしているものは、ほかの人にも同じように見えたり聞こえたりしていると思いがちですが、実は決してそうではないということです。16ページで、「スズメの鳴き声の擬音語《ぎおんご》がない国や、日本語とはちがう言葉であらわしている国や地域《ちいき》がたくさんある」という話をしました。スズメはどこでも同じように鳴いています。それなのに、聞いている側《がわ》のとらえ方によって、いろいろとちがうようにあらわせるということでしたね。

そして、これは、日本語と外国語の間だけの話ではありません。日本の、ある地方だけで使われている言葉を「方言」といいますが、昔は、方言によっても、スズメの声はいろいろな擬音語であらわされていました。

現在《げんざい》では「ちゅんちゅん」という言い方が広く有名になって、全国的《てき》に使われるようになりましたが、もともとは、日本人どうしであっても、同じスズメの声をちがう音であらわしていたのです。

もちろんこれは、スズメだけのことではありません。どの動物の鳴き声も、そして物の様子についても、国や地域ごとにちがう言葉で表現《ひょうげん》されています。

擬音語・擬態語《ぎたいご》はただの音まねではなく、聞いたり見たり感じたりした音や様子を、それぞれの国や地域の人たちが、自分たちが使っている言語の形にうつして、言葉としてみんなが理解《りかい》できるように完成《かんせい》させたものです。そんな完成されたものであっても国や地域によってまちまちなのですから、もともと一人ひとりが耳や目、頭で感じ、とらえている音や様子は、さらにばらばらなものだろうと考えることができるのです。

これは、実際《じっさい》にためしてみるともっとわかりやすいでしょう。

鳥の鳴き声や雨のふる音、車が走る音がどんな音に聞こえるか、そしてはじめて食べる物の食感をどう感じるかなど、まわりの友だちと話し合ってみてはどうでしょうか。きっと新しい発見があるのではないかと思います。

自分だけの言葉、わかってもらいたい言葉

まわりの人に気持ちや様子を伝《つた》えたい時、「好《す》きな言葉をできるだけ多く使って、わかりやすく伝えられたらいい」とさきほど書きました。けれども、時には、「伝えたい！」というものごとや気持ちにぴったりの言葉が、日本語にないかもしれません。そんな時はどうすればいいでしょうか。

こうした時にも擬音語《ぎおんご》・擬態語《ぎたいご》が役に立ちます。なぜなら、ほかの言葉とちがい、擬音語・擬態語はいろいろなルールにしばられにくく、自分だけのオリジナルの語を作りやすいという特《とく》ちょうもあるからです。ぴったりの言葉がないなら作ってしまえばよい！　ということで、独自《どくじ》の擬音語・擬態語を使った作品の一部をご紹介《しょうかい》します。『目黒のさんま』という江戸《えど》落語です。

「お腹《なか》がどかァんとへって……」*11
「さんまのにおいというのは、まことに強烈《きょうれつ》でございますからな……チュウプウチュウプウと焼《や》いているにおいが、ほんわかと流れてくる。」
「それがもう、チュプチュプチュプチュプとあぶらがたぎっている。」

いかがでしょうか。あぶらがのった丸まるとしたサンマがおいしそうに焼けている様子が伝わってくるようです。

物が焼ける様子には「じゅうじゅう」をよく使いますよね。「チュウプウ」「チュプチュプ」という語は、江戸時代も今も、辞書《じしょ》にのっていません。でも、この落語の話し手は、もともとある「じゅうじゅう」では、物足りないと思ったのでしょう。オリジナルの語を作ったのです。「チュウ」はもともとある「じゅう」と似《に》ていて、もう少しこげが少ない感じでしょうか。そして、「プウ」はあぶらが熱《あつ》くなって、今にもはじけてあふれそうな様子が思いうかびます。本当に「どかァん」とおなかがへってくるようです。

このように、言いたいことをあらわすのにぴったりの言葉がなければ、擬《ぎ》音語《おんご》・擬態語《ぎたいご》を作ってしまうという手もあります。

でも、その時も、ただ自分勝手に音をならべているだけでは、ほかの人に伝《つた》わらないので、意味がありません。もともとある言葉をたくさん知っていると、それぞれの音や形のイメージと、意味や使い方の感覚《かんかく》が身につき、自《し》然《ぜん》と、ほかの人に伝わりやすい言葉を生み出せるようになるのだと思います。

こうして、擬音語・擬態語を工夫《くふう》して使うことで、言葉の世界をどんどん広げていくことができるのです。

「チュウプウ」「チュプチュプ」

3　ずっと大切にしたい言葉

擬音語《ぎおんご》・擬態語《ぎたいご》のいろいろな魅力《みりょく》について、わかっていただけたでしょうか。私《わたし》たちの言葉の世界を無限《むげん》に広げ、言いたいことをてきかくに伝《つた》えるための手段《しゅだん》としても、大切な存在《そんざい》だというお話をしてきました。そしてまた、時代ごとの文化や様子をうつす言葉でもありました。

では、この擬音語・擬態語は、これからどうなっていくのでしょうか。

「がたぴし」という言葉があります。古くなるなどしてかんたんに開かない引き出しや、家のとびらを開け閉《し》めする時のきしむ音を表現《ひょうげん》した語です。辞《じ》書《しょ》にものっていていて、昭和の半ばくらいまで、ひんぱんに使われていました。

たとえば太宰治《だざいおさむ》という人の小説《しょうせつ》にも、

「[*12]ふたりで腐《くさ》りかけた雨戸をがたぴしこじあけた。」(『ダス・ゲマイネ』)

「[*13]その飲食店の硝子戸《がらすど》をこじあけるのに苦労《くろう》した。がたぴしして、なかなかあかないのである。」(『花燭《かしょく》』)

など、何回も出てきます。ところが、この「がたぴし」は、今ではほとんど聞かなくなりました。なぜなら、現在《げんざい》の家の戸や家具はすべりがよく、また昔の古い物は新しく取りかえられたり

して、「がたぴし」ときしむ音自体が、聞かれなくなったからだといわれています。つまり、生活の中から音がなくなると、言葉もそれといっしょに使われなくなっていくという例《れい》です。

これは、「その時代の文化や様子をうつす」という擬音語《ぎおんご》・擬態語《ぎたいご》の特《とく》ちょうから考えれば、仕方がないことかもしれません。それでも、私《わたし》たちが「がたぴし」という音の意味やイメージをしっかりとおぼえていれば、小説《しょうせつ》などでこの表現《ひょうげん》に出合った時に、昔の戸や家具の、重みがあって古く、かんたんには開け閉《し》めできない様子を、頭の中にはっきりと思いうかべることができます。

こういう言葉は、ほかにもたくさんあります。汽車の「しゅっしゅっぽっぽ」、昔の黒い電話のよび出し音「りんりん」、そして切る時の「がちゃん」、柱時計が時間を知らせる時の「ぼーんぼーん」、マッチをする時の「しゅっ」

という音など。どの音も、少し前までは、身の回りに当たり前にあったのに、今ではすっかり耳にしなくなりました。それでも、こうして、その当時の擬音語・擬態語であらわすことで、それが使われていた時代の様子を思いえがくことができるのです。いつまでも言葉を大切にし、昔の生活の様子を頭の中によみがえらせたいものです。

そしてもう一つ、擬音語・擬態語は、物の様子や心の中の気持ちをくわしくあらわすのにも、ぴったりの言葉だということをお話ししました。「サッカーのシュート」は、映像《えいぞう》にすれば一瞬《いっしゅん》の動作です。でも、「たたた」と走り込《こ》んで、「ぼすっ」とける。ボールが「しゅーっ」ととんでいき、球場が「しーん」とする中で「すっ」とゴールに吸《す》い込まれて、「ぽとん」と落ちる。みんなが一気に「ぅおおお」とどよめく……、こんなにも豊《ゆた》かに、様子をえがき出すことができるのです。

世の中に無数に存在《そんざい》している言葉の中からどの言葉を選《えら》んで使うかは、自分がどういう人なのかをあらわす自己紹介《じこしょうかい》のようなものです。みなさんは、これから生きていく中で、ほんとうにさまざまな体験《たいけん》をしていくでしょう。そのたびに、言葉のコレクションの中から、自分らしさが出せる表現《ひょうげん》を選んで使っていくわけですから、言葉とのおつき合いは一生みっせつに続《つづ》きます。

人生を豊《ゆた》かにあらわしてくれる擬音語《ぎおんご》・擬態語《ぎたいご》を大切にして、きらきらわくわくした一瞬《いっしゅん》一瞬を心にきざみながら生きていってほしいと思います。

おわりに

この本では、擬《ぎ》音《おん》語《ご》・擬《ぎ》態《たい》語《ご》について、昔から現《げん》在《ざい》までのいろいろな使われ方の工《く》夫《ふう》などをお話ししてきました。

私《わたし》が擬音語・擬態語について興《きょう》味《み》を持ったきっかけは、大学の時に、いろいろな外国から来た友だちができたことです。

日本語をいっしょうけんめい勉強していて、日本の大人でも迷《まよ》ってしまうようなむずかしい言葉や漢字を使いこなしている彼《かれ》らが、「『くたくた』ってどんな意味なの」とか、「梅《つ》雨《ゆ》でしっけが多い感じを何て言えばいいの」などと質《しつ》問《もん》してきたり、「ぺらぺら」と「ぺろぺろ」などの区《く》別《べつ》をまちがっていたりすることに気づきました。「日本語で一番むずかしいのは擬音語・擬態語だ」という声も多く聞きました。そこで、「擬音語・擬態語はほかの言葉と何がちがうのかな」「なぜ外国の人にはむずかしいのだろう」と、ふしぎに思ったのです。

それから、擬音語・擬態語について、外国人の友人たちと話すようになりました。動物や鳥が鳴いている声や、さまざまな音を選《えら》んで、

「これって○○語だと何て聞こえるの。」

とか、

「日本語だとニワトリは『こけこっこー』って言うよ。」

「えーっ！　ぜったいちがうよ。そんなふうに聞こえないよ。」

などと言い合うのは、とても楽しい体験《たいけん》でした。

自分が生まれた時から使っている日本語が当たり前ではなく、外国の人から見ると、いろいろなおもしろいちがいがあるということを教えてもらい、

どんどん日本語が好《す》きになりました。そして、今度はそれを外国の人たちに広めたいと考え、日本語を教える「日本語教師《きょうし》」という仕事を選《えら》んだのです。

そういう意味で、「擬《ぎ》音語《おんご》・擬《ぎ》態語《たいご》」は、私《わたし》の世界を広げてくれた大切な存在《そんざい》です。みなさんにとっても、「擬音語・擬態語」への興味《きょうみ》が、言葉の世界を広げ、将来《しょうらい》の道を開くきっかけになってくれればいいなと願《ねが》っています。

佐藤　有紀

国によって、あらわし方はちがいます

＊学校や、家の近くの図書館などで本をさがそう。

『語彙力《ごいりょく》アップ おもしろ言葉がいっぱい！〈1〉
こそあど言葉・回文ほか』
ながたみかこ文と絵（汐文社 2006年）

『国語であそぼう！4　ことばあそび』
佐々木瑞枝《ささきみずえ》監修《かんしゅう》、ながたみかこ文（ポプラ社 2013年）

『学校では教えてくれないゆかいな日本語』
今野真二著《ちょ》（河出書房《かわでしょぼう》新社 2016年）

『毎日の生活が楽しくなる「声の魔法《まほう》」
（全３巻）』
藤野良孝《ふじのよしたか》著（くもん出版《しゅっぱん》 2017年）

『世界のことばあそび〈5〉
いろんな国のオノマトペ』
こどもくらぶ編《へん》（旺文社《おうぶんしゃ》 2008年）

擬《ぎ》音《おん》語《ご》・擬《ぎ》態《たい》語《ご》について

もっと知りたくなったら、読んでみよう

『語源《ごげん》[ことばのはじめ]ビジュアル事典《じてん》〈3〉
くらしに関《かん》することば』
沖森卓也《おきもりたくや》監修（学研教育出版 2011年）

『カタカナ語・擬音語・擬態語クイズ』
北原保雄《やすお》編（金の星社 2009年）

『あそんで身につく日本語表現力《ひょうげんりょく》 3
ことばをつくってあそぼう！』
半沢幹一《はんざわかんいち》監修（偕成社《かいせいしゃ》 2010年）

『金田一先生の 使ってのばそう日本語力〈3〉
擬声語・擬態語・ひゆ』
小林照子《てるこ》・荒井温子《あらいあつこ》著、金田一秀穂《ひでほ》監修（あかね書房 2008年）

<引用文献>

＊１『古事記』:『古事記（日本の古典をよむ １）』山口佳紀・神野志隆光校訂・訳（小学館　2007年）
＊２『源氏物語』:『源氏物語〈上〉（日本の古典をよむ ９）』阿部秋生・秋山虔・今井源衛・鈴木日出男校訂・訳（小学館　2008年）
＊３『源氏物語』:『源氏物語　五（新潮日本古典集成）』石田穣二・清水好子校注（新潮社　1980年）
＊４『平家物語』:『平家物語（日本の古典をよむ 13）』市古貞次校訂・訳（小学館　2007年）
＊５『今昔物語集』:『今昔物語集（日本の古典をよむ 12）』馬淵和夫・国東文麿・稲垣泰一校訂・訳（小学館　2008年）
＊６『ぞろぞろ』:『光村の国語　はじめて出会う古典作品集 ３　落語・狂言・能・歌舞伎・人形浄瑠璃』河添房江他監修・青山由紀他編（光村教育図書　2010年）
＊７『附子』:『光村の国語　はじめて出会う古典作品集 ３　落語・狂言・能・歌舞伎・人形浄瑠璃』河添房江他監修・青山由紀他編（光村教育図書　2010年）
＊８『徒然草』:『方丈記・徒然草・歎異抄（日本の古典をよむ 14）』神田秀夫・永積安明・安良岡康作校訂・訳（小学館　2007年）
＊９『宇治拾遺物語』:『今昔物語集・宇治拾遺物語（鑑賞日本古典文学 13）』佐藤謙三編（角川書店　1976年）
＊10『源氏物語』:『源氏物語　一（新潮日本古典集成）』石田穣二・清水好子校注（新潮社　1976年）
＊11『目黒のさんま』:『光村の国語　はじめて出会う古典作品集 ３　落語・狂言・能・歌舞伎・人形浄瑠璃』河添房江他監修・青山由紀他編（光村教育図書　2010年）
＊12『ダス・ゲマイネ』（太宰治）:『太宰治全集 ２』初版（筑摩書房　1998年）
＊13『花燭』（太宰治）:『太宰治全集 ３』初版（筑摩書房　1998年）

<資料提供・出典>

・（財）盛岡市文化振興事業団　盛岡てがみ館編『南部絵経の絵解きと生まれた謎に迫る』（盛岡市文化振興事業団　2007年）
・日立アプライアンス株式会社「日立電気洗濯乾燥機BW-DV120C取扱説明書」
・佐藤秀峰著『ブラックジャックによろしく』（マンガonウェブ）

＜参考文献＞

【雑誌】

・『日本語学』2007年6月号vol.26　特集「オノマトペと日本語教育」（明治書院　2007年）
・『日本語学』2015年9月号vol.34-11　特集「オノマトペ研究の最前線」（明治書院　2015年）
・『國文學』2008年10月号第53巻14号　特集「おのまとぺ」（學燈社　2008年）
・『月刊日本語』1992年3月号　特集「ぎおんご・ぎたいご」（アルク　1992年）

【単行本】

・山口仲美著『ちんちん千鳥のなく声は』（大修館書店　1989年）
・佐藤亮一指導『方言をしらべよう 郷土の研究⑩　絵でみる方言地図』（福武書店　1990年）
・田守育啓著『オノマトペ擬音・擬態語をたのしむ』（岩波書店　2002年）
・山口仲美・佐藤有紀著『「擬音語・擬態語」使い分け帳』（山海堂　2006年）
・丹野眞智俊編著『オノマトペ《擬音語・擬態語》をいかす』（あいり出版　2007年）
・得猪外明著『へんな言葉の通になる』（祥伝社　2007年）
・小野正弘著『オノマトペがあるから日本語は楽しい』（平凡社　2009年）
・HANA韓国語教育研究会著『音で覚える韓国語の擬声語・擬態語』（HANA　2009年）
・金井勇人・新城直樹・佐藤有紀・熊田道子著『なにげにてごわい日本語』（すばる舎　2011年）
・渡辺章悟編著『絵解き般若心経』（ノンブル社　2012年）
・読売新聞英字新聞部監修・水野良太郎編『オノマトペラペラ』（東京堂出版　2014年）
・窪薗晴夫編『オノマトペの謎』（岩波書店　2017年）

【辞書】

・阿刀田稔子・星野和子著『擬音語・擬態語使い方辞典』（創拓社　1993年）
・山口仲美編『暮らしのことば　擬音・擬態語辞典』（講談社　2003年）

【教科書】

・『小学生の国語　四年』（三省堂　2015年）
・『国語　四年上　かがやき』（光村図書出版　2011年）
・『ひろがる言葉　小学国語　4上』（教育出版　2017年）

…他

【著者・イラストレーター紹介】

■ 著者　佐藤 有紀（さとう ゆき）

埼玉大学文化科学研究科修士課程修了。明治大学国際日本学部特任講師、埼玉大学日本語教育センター非常勤講師、関東学園大学講師等を経て、2018年４月より関東学園大学准教授。

著作に、『「擬音語・擬態語」使い分け帳』（山口仲美・佐藤有紀著、山海堂、2006）、『なにげにてごわい日本語』（金井勇人・新城直樹・佐藤有紀・熊田道子著、すばる舎、2011）ほか。

■ イラストレーター　タカタ カヲリ

武蔵野美術短期大学生活デザイン学科卒業。デザイナーを経て、フリーイラストレーターに。日本児童出版美術家連盟会員。

2004年「ピンポイント絵本コンペ」優秀賞受賞。2018年「絵本塾カレッジ創作絵本コンクール」優秀賞受賞。

作品に、『ぬくぬくげんき ぼくのたいおん』（少年写真新聞社、2014）、『英語でわかる！ 日本・世界』（少年写真新聞社、2015）、『おいらはちびのとうちゃんだい！』（文研出版、2022）、『ばけばけバス』（ひだまり舎、2023）ほか多数。

イラスト・装丁　タカタ カヲリ

「感じ」が伝わるふしぎな言葉

～ 擬音語・擬態語ってなんだろう ～

2018年12月20日　初版第１刷発行
2024年７月20日　　　第３刷発行
著　者　佐藤 有紀
発行人　松本 恒
発行所　株式会社 少年写真新聞社
〒102-8232　東京都千代田区九段南３-９-14
Tel（03）3264-2624　Fax（03）5276-7785
https://www.schoolpress.co.jp
印刷所　TOPPANクロレ株式会社

ISBN 978-4-87981-658-0　C8095 NDC814

ちしきのもり

『みんなが知りたい 放射線の話』谷川勝至 文

『巨大地震をほり起こす』宍倉正展 文

『知ろう！ 再生可能エネルギー』馬上丈司 文　倉阪秀史 監修

『500円玉の旅』泉 美智子 文

『はじめまして モグラくん』川田伸一郎 文

『大天狗先生の㊙妖怪学入門』富安陽子 文

『町工場のものづくり』小関智弘 文

『本について授業をはじめます』永江朗 文

『どうしてトウモロコシにはひげがあるの？』藤田智 文

『巨大隕石から地球を守れ』高橋典嗣 文

『「走る」のなぞをさぐる〜高野進の走りの研究室〜』高野進 文

『幸せとまずしさの教室』石井光太 文

『和算って、なあに？』小寺裕 文

『英語でわかる！ 日本・世界』松本美江 文

『本当はすごい森の話』田中惣次 文

『小林先生に学ぶ 動物行動学』小林朋道 文

『知ってる？ 郵便のおもしろい歴史』郵政博物館 編著

『将棋の駒はなぜ歩が金になるの？』高野秀行 文

『もしもトイレがなかったら』加藤篤 文

以下、続刊

知っている擬《ぎ》音《おん》語《ご》・擬《ぎ》態《たい》語《ご》を、いくつでも書いてみよう

擬態語	擬音語	
見た感じ	自然《しぜん》や物が立てる音（聞いた感じ）	動物の鳴き声・人の口から出る音（聞いた感じ）
（五感の擬音語・擬態語）		